Julian Holland

ZIGARREN

Exclusivität und Genuss

Beratung: Neil Millington

Delius Klasing Verlag

Danksagung

Der Verlag dankt für die Unterstützung: Neil Millington vom Havana Club; Alfred Dunhill Ltd; Desmond Sautter von Sautter's of Mayfair; Tim Cox von J.J. Fox; Harrods Cigar Room; The London Cigar Importing Co. Ltd; N. R. Silverstone Ltd; Premium Cigar Ltd; Rothmans International; Swisher International Ltd; Valdrych Cigars.

Titel der englischen Originalausgabe:
THE ULTIMATE CIGAR ENCYCLOPEDIA

Die Deutsche Bibliothek – CIP-Einheitsaufnahme

Zigarren: Exclusivität und Genuss / Julian Holland.
[Übersetzung und deutsche Bearb.: Volker Bartsch]. – 1. Aufl. –
Bielefeld: Delius Klasing, 2000
Einheitssacht.: The ultimate cigar encyclopedia < dt. >
ISBN 3-7688-1233-2

1. Auflage
ISBN 3-7688-1233-2
Die Rechte für die deutsche Ausgabe liegen beim Verlag
Delius, Klasing & Co. KG, Bielefeld

Übersetzung und deutsche Bearbeitung: Dr. Volker Bartsch
Gestaltung: Nigel Partridge
Fotos: Walt Chrynwski, John Freeman, Dave Jordan
Schutzumschlaggestaltung: Gabriele Engel
Printed in Hongkong 2000

Delius Klasing Verlag, Siekerwall 21, D-33602 Bielefeld
Tel.: 0521/559-0, Fax: 0521/559-113
e-mail: info@delius-klasing.de
http://www.delius-klasing.de

INHALT

EINLEITUNG

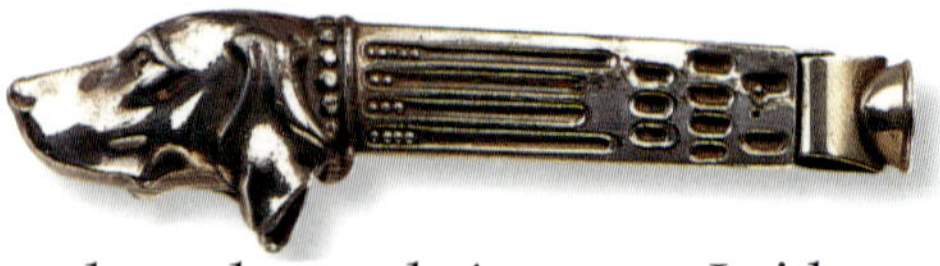

Zigarren werden in Momenten der Kontemplation mit Muße geraucht, sei es zur Entspannung und zum Genuss, sei es wegen ihres Wohlgeschmacks und Aromas. Leidenschaftliche Zigarrenraucher zeichnet eine ausgeprägte Vorliebe für bestimmte Sorten und Treue zu ihrem Zigarrengeschäft aus. Zu Beginn des Zweiten Weltkrieges erhielt Churchill folgende Nachricht von Dunhill, dessen Geschäft gerade bombardiert worden war. »Ihre Zigarren wurden gerettet, Sir.« Man sagt Präsident Kennedy nach, dass er kurz vor dem Embargo gegen Kuba große Mengen seiner Lieblingshavannas bestellt habe.

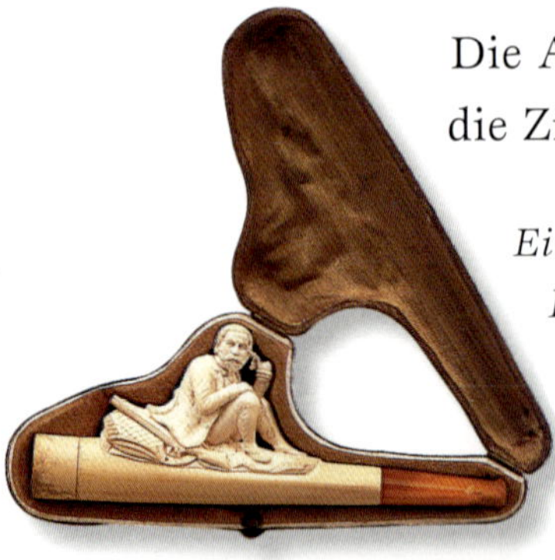

Die Anekdoten machen deutlich, welche Bedeutung die Zigarren für den Kenner haben. Man schätzt sie,

Ein Zigarrenschneider und ein Stumpenhalter aus Bernstein – alte und wertvolle Sammlerstücke (oben und links).

Nach Farben sortierte Gebinde von Premium-Zigarren.

Kunstvoll bemalte Etuis für »Segars«, wie sie im 19. Jahrhundert in England genannt wurden.

redet über sie und probiert sie etwa genauso wie Wein oder Whisky. Die Qualität einer Spitzenzigarre hängt von der Herkunft des Tabaks, seiner Fermentation, der Mischung der Blätter und den Fähigkeiten des Herstellers ab. Für jede Phase gibt es eigene Spezialisten.

Weil nicht nur großer Sachverstand, sondern auch viel Zeit zur Herstellung erforderlich ist, kann eine gute Zigarre nicht billig sein, bleibt aber trotzdem erschwinglich. In den letzten Jahren hat das Zigarrenrauchen eine kleine Renaissance erlebt. Für den Neuling in dieser faszinierenden Welt mag die große Vielfalt von Zigarren verwirrend sein. Dieses Buch möchte die »Geheimnisse« rund um die Zigarre übersichtlich darstellen und das Vergnügen und den Genuss all jener befördern, die eine Zigarre zu schätzen wissen.

Eine Metalltube für eine Zigarre aus dem späten 19. Jahrhundert.

TABAK

Tabak, also die Blätter der Pflanze *Nicotiana tabacum,* kamen von der Halbinsel Yukatan in Mexiko 1558 nach Europa. Die Entdecker der Neuen Welt brachten ihn mit. Jean Nicot (1530–1600), seinerzeit Botschafter des französischen Königs in Portugal, machte ihn populär. Er hat dem Nikotin, das jeder Tabak enthält, den Namen gegeben. Sir Walter Raleigh brachte 1570 die ersten Tabakpflanzen nach Europa, und die Legende berichtet, er sei der erste Engländer gewesen, der geraucht habe. Unglücklicherweise fühlte sich sein Diener verpflichtet, das Feuer seines Herrn zu löschen, als er Rauch aus Sir Walters Kopf aufsteigen sah, und schüttete eine Kanne über ihm aus.

DIE URSPRÜNGE DES TABAKRAUCHENS

Niemand weiß genau, wann Tabak zum ersten Mal geraucht wurde. Aber es ist sicher, dass die Mayas in Mittelamerika Tabak anbauten und bei religiösen Zeremonien rauchten. Von hier kann sich die Gewohnheit nordwärts nach Mexiko ausgebreitet haben, sie kann aber auch den umgekehrten Weg genommen haben. Jedenfalls hat man in prähistorischen Stätten Lateinamerikas Tabakspfeifen gefunden. Als die Mayakultur durch die spanische Eroberung im 16. Jahrhundert zerstört war, haben sich die Ureinwohner über den ganzen Kontinent zerstreut. Tabaksamen und ihre Rauchkultur nahmen sie mit. Ihr Wort dafür war *Sikar,* wovon sich das spanische *Cigarro* ableiten dürfte.

»Eine Zigarre betäubt den Schmerz und erfüllt die einsamen Stunden mit Millionen freundlicher Bilder.«

George Sand

Auf Kolumbus' Entdeckung Amerikas 1492 folgte die Eroberung Mittelamerikas durch die spanischen Konquistadoren. Cortez unterwarf Montezuma und eroberte Mexiko, Pizarro besiegte 1532 die Inkas in Peru. Dabei blieb es nicht aus, dass die Eroberer die Gewohnheit der Eroberten kennen lernten, Tabakblätter zu rauchen, Tabak zu kauen und sogar zu schnupfen. Für die Eingeborenen war das Rauchen eine heilige Sitte, das in der Friedenspfeife seinen symbolischsten Ausdruck fand.

Die Eroberer und Seeleute übernahmen das »Rauch trinken« und brachten den Tabak nach Europa, wo man ihn als eines der Wunder der Neuen Welt ansah. Erst hielt man Rauchen für eine Medizin, dann für Luxus, und schließlich wurde es eine Mode.

Nicht zuletzt Sir Walter Raleigh trug dazu bei, dass dieser neue Genuss sich schnell in Europa verbreitete und eine kräftige Nachfrage entstand, die den frühen Kolonisten in Mittel- und Nordamerika bald Reichtum bescherte.

Ein Farbdruck aus dem 19. Jahrhundert zeigt Kolumbus, wie man sich damals seine historische Tat ausmalte.

Ein Relief der Mayas aus Copán, das Butz Chan oder die »Rauchschlange« zeigt.

Die ersten Raucher

Aber zugleich gab es von Anfang an heftigen Protest. Jakob I. von England publizierte *A Counterblast to Tobacco*, einen galligen Angriff auf das Rauchen. Er brandmarkte es als »widerlich für die Augen, hässlich für die Nasen, schädlich für das Hirn, gefährlich für die Lungen, und der schwarze, stinkende Rauch ähnelt am ehesten dem Qualm im tiefsten Abgrund der Hölle«. In diesem Stil ging es weiter. Ihm war wenig Erfolg beschieden, und die Beliebtheit der »königlichen Mutter aller Kräuter der Barbaren«, wie man über den Tabak in China sagte, hat sich bekanntlich seit dem 16. Jahrhundert beständig vergrößert.

Man sagt, dass der lederne Tabaksbeutel, die silberbeschlagenen Tonpfeifen und der Stopfer aus Knochen Sir Walter Raleigh gehört haben (links).

Sevilla war das Zentrum der Zigarrenproduktion in Spanien seit dem frühen 18. Jahrhundert. Hier ein Bühnenbild für Bizets »Carmen« vom Anfang des 20. Jahrhunderts (unten).

Ein Porträt Sir Walter Raleighs, der nach seinen Expeditionen nach Nordamerika den Engländern den Tabak nahe gebracht hat.

Die ersten Raucher schmauchten Pfeifen wie Sir Walter Raleigh. Die Pfeife war über ein Jahrhundert lang das vorherrschende Rauchutensil in Europa. Man kannte nichts anderes. Die Zigarren, ursprünglich aus der spanischen Kolonie Kuba stammend, traten am Beginn des 18. Jahrhunderts von dort ihren Siegeszug zunächst nach Spanien an. Sie wurden aus importiertem kubanischem Tabak ab 1717 in Sevilla hergestellt. Am Ende des 18. Jahrhunderts fertigte man sie auch in Frankreich und Deutschland.

Nach Amerika gelangten die ersten Zigarren durch Israel Putnam, einen Offizier, der in Kuba der britischen Armee diente. Er wurde später amerikanischer General und kämpfte im Unabhängigkeitskrieg (1775–1783) gegen die Briten.

VON DER PFEIFE ZUR ZIGARRE

In Europa begann der Genuss von Zigarren in Spanien und Portugal und zog durch den Krieg gegen Napoleon (1806–1812) langsam weitere Kreise. Die britischen und französischen Soldaten übernahmen das Rauchen von Zigarren von den Spaniern. Es wurde ebenso Mode wie das Schnupfen und verdrängte die Pfeife. In England begann die Herstellung von »Segars«, wie man sie damals nannte, im Jahre 1820. Ein Jahr später wurde die Produktion durch ein Gesetz geregelt. Gleichzeitig gab es Zigaretten als billigere Alternative. Aber sie setzten sich erst mit der Erfindung von Maschinen für die Massenproduktion im 19. Jahrhundert durch.

Die Kapitäne Middleton, Price und Koet gehörten zu den bestaunten ersten Rauchern in England.

Im späten 19. Jahrhundert gehörten Zigarren zum Lebensstil der besseren Kreise.

DIE TABAKPFLANZE

Der Tabak gedeiht in den meisten Klimazonen, aber bestimmte Regionen sind für bestimmte Sorten besonders geeignet. In manchen Gegenden wird Zigarrentabak angebaut, in anderen Sorten zur Verarbeitung zu Zigaretten, Schnupf-, Kau- und Pfeifentabak.

Alle heutigen Formen stammen von zwei oder drei ursprünglichen amerikanischen Arten ab. Entsprechend den Boden- und Klimaverhältnissen gibt es beträchtliche Unterschiede in der Größe, Stärke und Farbe des Blattes. Die Pflanze wächst üppig und ist einfach aufgebaut. Große Blätter kommen aus dem dicken, zentralen Stamm. Wegen des klebrigen Sekrets der kurzen Härchen, die das Grün bedecken, fühlen sie sich gummiartig an. Die großen, süß duftenden Blüten bilden sich in Trauben an der Spitze des Stammes und variieren in der Farbe zwischen Rosa und nahezu Weiß. Sie werden vor der Reife abgeschnitten, damit die ganze Kraft der Pflanze den Blättern zugute kommt. Die Samen sind schwarz und so klein, dass etwa 60 000 auf einen Esslöffel gehen. Damit kann man auf einer Fläche von über 800 m^2 säen.

Eine Woche alter Deckblatttabak auf einer Plantage in San Luis auf Kuba. Die Region ist für diesen speziellen Tabak berühmt.

Hier eine Plantage mit Burley (links).

Die Blüten werden vor dem Öffnen abgeschnitten, um den Blättern die ganze Kraft der Pflanze zuzuführen (rechts).

DAS TROCKNEN DES TABAKS

Bei der Ernte sind Tabakblätter grün. Erst durch das Trocknen, Fermentieren und Reifen erhalten sie ihre Charakteristika. Es gibt drei Methoden des Trocknens. Manchmal werden sie einfach in der Sonne getrocknet, was einen sehr süßen Kautabak ergibt. Die zweite Methode ist die Lufttrocknung. Sie erfolgt in speziell konstruierten Schuppen, wo die Luftzirkulation genau reguliert werden kann. Der Zigarrentabak wird in der Regel luftgetrocknet. Und schließlich kann man die Hitze eines offenen Feuers direkt oder über einen Zugkanal verwenden. Im ersten Fall erhält der Tabak einen charakteristisch rauchigen Geruch, im zweiten Fall wird die Hitze von Feuern außerhalb der Scheune in Zügen oder Eisenrohren herbeigeführt. Das ergibt ein hellgelbes Blatt, im Wesentlichen für leichte Pfeifen- oder Zigarettentabake.

»Wenn man 30 wird, raucht man Ringmaß 30; wird man 50, nimmt man 50.«

Kubanische Weisheit

Nach dem Trocknen sind die Blätter äußerst spröde und kaum zu handhaben. Deshalb wartet man auf Regenwetter, bei dem sie wieder Feuchtigkeit aufnehmen und so weich und geschmeidig wie ein Kinderhandschuh werden. Dann werden die Blätter sortiert, in kleine Bündel gebunden und fermentiert, indem man sie zu gut anderthalb Meter hohen Haufen schichtet. Danach wird der Tabak klassifiziert und verpackt. Manchmal liegt er dann noch vier oder fünf Jahre in Lagerhäusern, um seinen Geschmack noch reifer werden zu lassen.

Häufig wird er bei der Verarbeitung geflavoured, indem Zucker, Süßholz, Gewürze oder Alkohol beigemischt werden und man ein künstliches Aroma erzielt.

Nikotin

Tabak verdankt seine beruhigende und zur Gewohnheit führende Wirkung der Droge Nikotin, einem tödlichen und gefährlichen Gift. Das Rauchen ist in den letzten zwanzig Jahren stark zurückgegangen, besonders in den USA seit der Publikation des *American Surgeon General's Report* über die gesundheitlichen Folgen Anfang der sechziger Jahre. Der Bericht

Jean Nicot tat viel für die Verbreitung des Rauchens in Europa (oben).

Eine Trockenscheune auf Kuba.

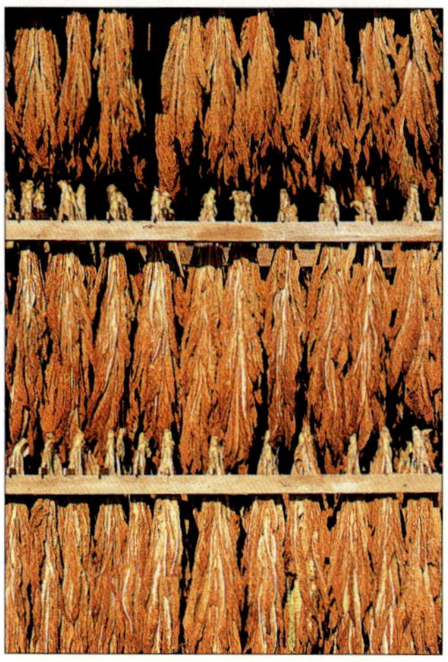

Trocknende Tabakblätter in Pennsylvania, USA (oben) und kubanische Zigarrendeckblätter nach 50 Tagen Lufttrocknung. Sie werden paarweise über Stangen gehängt. Neu geerntete Blätter werden mit fortschreitender Trocknung immer höher gehängt.

stellte aber auch fest, dass Zigarrenraucher mit einem Konsum von weniger als fünf Zigarren pro Tag die gleiche Lebenserwartung wie Nichtraucher haben. Seit Beginn der neunziger Jahre hat die Beliebtheit handgemachter Zigarren wieder deutlich zugenommen. Nicht zuletzt rauchende Filmstars wie Jack Nicholson, Arnold Schwarzenegger, Demi Moore, Sharon Stone oder der Dramatiker Heiner Müller dürften dazu beigetragen haben.

Eine Gravierung aus dem Buch Traité du Tabac ou Nicotiane *(16. Jh.) zeigt amerikanische Eingeborene bei ihrer Art der Tabakverarbeitung.*

Churchill
Dr
To
50 Bock Giraldas
100 Large Balkans
1900
Aug 9
Cr

DIE GESCHICHTE DER ZIGARREN

Zigarren in ähnlicher Form wie heute wurden zuerst im Spanien des frühen 18. Jahrhunderts hergestellt. Zum Ende des Jahrhunderts hatte sich diese Kunst nach Frankreich und Deutschland ausgebreitet. Zur gleichen Zeit begannen die Holländer Zigarren mit Tabak aus ihren fernöstlichen Kolonien Java und Sumatra zu produzieren. In England begann die Herstellung von »Segars« 1820, wie man sie damals nannte, und wurde sogleich durch ein Gesetz geregelt. Ein Importzoll auf Luxusgüter traf auch Premium-Zigarren und reduzierte die Nachfrage für eine Weile. In den Vereinigten Staaten mit ihrer heimischen Produktion und reduzierten Steuer seit 1870 hatten Zigarrenraucher es leichter.

ZIGARREN IN EUROPA

Als man weniger Tabak schnupfte, wurden Zigarren beliebter, und die Nachfrage nach den guten Qualitäten aus Kuba stieg sprunghaft. Ferdinand VII. von Spanien ordnete 1821 per Dekret an, die Produktion von Zigarren auf Kuba, ein spanisches Staatsmonopol, zu steigern. Sehr bald war das Rauchen von Zigarren so beliebt, dass in Hotels und Clubs besondere Raucherzimmer eingerichtet wurden. Später dann gab es in vielen europäischen Luxuszügen Raucherwagen. Die Zigarre nach dem Essen, begleitet von einem Glas Brandy oder Portwein, wurde zu einer Tradition. In den höchsten Kreisen der europäischen Gesellschaft wurde dieses Ritual auch deshalb akzeptiert, weil der Prince of Wales, der spätere Edward VII., begeisterter Raucher war, obwohl seine Mutter, Königin Viktoria, das Rauchen zutiefst verachtete. Gegen Ende des 19. Jahrhunderts war England weltweit der größte Markt für kubanische Zigarren. Aber erst die Einführung der maschinell produzierten Zigarren im 20. Jahrhundert ließ auch die breiten Massen am Rauchen von Zigarren teilhaben.

Wie dieses Plakat (Ende 19. Jh.) zeigt, gehörte die Zigarre nach dem Essen zu den Ritualen der besseren Kreise.

Der Maler Jean Beraud hielt zur gleichen Zeit diese Szene nach dem Dinner im Hotel »Les Ambassadeurs« in Paris fest (unten).

Ferdinand VII. von Spanien sorgte zu Beginn des 19. Jahrhunderts für eine größere Produktion und den Import kubanischer Zigarren nach Europa.

> *»Meine Herren, bitte rauchen Sie.«*
> Edward VII. nach der Thronbesteigung 1901.

ZIGARREN IN NORDAMERIKA

Die ersten Tabakplantagen wurden von europäischen Siedlern im frühen 17. Jahrhundert angelegt. Bis zum Auftauchen der kubanischen Zigarren Mitte des 18. Jahrhunderts wurde nur Pfeife geraucht. Als Israel Putnam aus Kuba nach Connecticut zurückkam, brachte er eine Auswahl kubanischer Zigarren und riesige Mengen Tabaksamen mit. Connecticut war eine der Tabakregionen mit Plantagen seit den frühen Siedlern. Das neue, bessere Saatgut war ein kräftiger Anstoß für die lokale Tabakindustrie. Anfang des 19. Jahrhunderts entstanden in Hartford Zigarrenfabriken, die den Tabak aus den neuen Pflanzen verarbeiteten. Dies war der Beginn einer blühenden Industrie. Heute produziert Connecticut mit die besten Deckblätter außerhalb Kubas. Zur gleichen Zeit begann der Import kubanischer Zigarren und steigerte sich allmählich mit der wachsenden Beliebtheit der Zigarren in den USA.

John Quincy Adams, der sechste Präsident (1825–1829), war ebenso überzeugter Zigarrenraucher wie Ulysses S. Grant, einer seiner Nachfolger (1869–1877). Der Siegeszug der Zigarre setzte sich fort, und nach einer Verringerung der Steuern zur Zeit von Grants Präsidentschaft wurden Zigarren erschwinglich und ließen den heimischen Ausstoß anwachsen. Am Ende des 19. Jahrhunderts war die Zigarre wie in Europa ein Statussymbol. Um sich der Konkurrenz der Zigarette zu erwehren, wurde die Zigarrenproduktion nach 1920 auf Maschinen umgestellt. Seither gibt es in den USA erheblich weniger handgemachte Zigarren.

Zigarren wurden am Anfang des 20. Jh. zu einem Symbol der Macht, wie diese zeitgenössische Karikatur Präsident McKinleys illustriert.

Tabakhandel in der britischen Kolonie Virginia, ein Druck aus dem 18. Jh. (links).

Amerikanische Zigarrenschachtel mit Cowboymotiv, ca. 1900 (rechts).

ZIGARRENHERSTELLUNG AUF KUBA

Der gewerbsmäßige Tabakanbau auf Kuba, der Heimat der Havannas, begann bereits im 16. Jahrhundert. Als der Export nach Spanien gut lief und die Plantagen profitabel wurden, kam es zu dauernden Streitereien zwischen den kleinen Tabakfarmern und den großen Landbesitzern. Um 1850, als kaum Handelsschranken existierten, gab es auf der Insel fast zehntausend Plantagen und mehr als tausend Zigarrenfabriken. Sie wurden zur wichtigsten Branche. Die Landbesitzer vertrieben die Farmer. Diese wurden entweder Pächter oder mussten weichen. Um die Jahrhundertwende gab es nur noch 120 Zigarrenfabriken. Die größten Abnehmer waren die USA und Spanien.

»Was dieses Land braucht, ist eine gute 5-Cent-Zigarre.«
US-Vizepräsident Thomas Marshall 1919

In der ersten Hälfte des 19. Jahrhunderts wurden das kubanische Zigarrenangebot immer vielfältiger. Etliche der bekannten Bauchbinden und Kisten entstanden zu dieser Zeit. Als die USA 1857 Zollhürden errichteten und der Export zurückging, suchte man neue Märkte in Europa.

Gegen Ende des 19. Jahrhunderts begannen die Kubaner, gegen die spanischen Kolonialherren zu rebellieren. Der Kampf um die Unabhängigkeit begann. Viele Zigarrenmacher verließen die Insel

Eine Plantage in der westlichen Provinz Kubas, Pinar del Rio, eine der besten Gegenden für Zigarrentabak auf der Welt.

Kubanische Zigarrenmacher demonstrieren gegen die Mechanisierung ihres Gewerbes.

und siedelten sich in Florida oder Jamaika an. Nach dem Spanisch-Amerikanischen Krieg 1898 gelangte Kuba unter amerikanischen Einfluss. Der Zigarrenexport florierte wieder. 1933 zettelte der Hauptfeldwebel Batista einen Putsch gegen den Präsidenten Machado an und wurde selbst von 1940 bis 1944 und von 1954 bis zur Machtübernahme durch Fidel Castro 1959 Präsident.

Die kubanische Zigarrenindustrie unter Castro

Sofort nach der Revolution verstaatlichte Castro die Zigarrenindustrie, die zum großen Teil in amerikanischem Besitz war, unter dem Namen »Cubatabaco«. Auf die Herstellung billiger, maschinell hergestellter Zigarren in den USA antworteten die Kubaner auf die gleiche Weise.

Viele bedeutende Zigarrenfabrikanten flohen nach der Revolution und

Ein kubanischer Tabakfarmer, ein »veguero«, bekommt aus Qualitätsgründen sein Saatgut von der Tabak-Forschungsstation.

gründeten neue Firmen in der Dominikanischen Republik, in Florida, Honduras, Mexiko und auf den Kanarischen Inseln. 1961 brachen die USA die diplomatischen Beziehungen zu Kuba ab und verhängten im folgenden Jahr ein Handelsembargo.

Die kubanische Zigarrenindustrie war in den letzten Jahren mit mehreren schlechten Ernten und einem Rückgang der Produktion nicht vom Glück begünstigt. Nach dem Zusammenbruch des Sowjetsystems kam es zu vielen Versorgungsengpässen. Mitte der 90er Jahre übernahm eine neue Gesellschaft, die Habanos SA, das Marketing für die Havannas, um der Branche neue Impulse zu geben. Ende 1999 wurde Habanos für knapp eine Milliarde Mark an den europäischen Tabakkonzern Altadis verkauft.

Fidel Castro verstaatlichte die Zigarrenindustrie 1959 kurz nach dem Sturz des Batista-Regimes.

ZIGARRENHERSTELLUNG AUSSERHALB KUBAS

Die kubanischen Emigranten haben mit amerikanischer Unterstützung wie durch die Consolidated Cigar Corporation oder die General Cigar Company in Mittelamerika eine größere Zigarrenindustrie aufgebaut. Die Hälfte aller Importzigarren in den USA stammt heute aus der Dominikanischen Republik, einem Land mit ähnlichen Klimabedingungen wie Kuba. Auch Honduras, Nicaragua, Jamaika, Mexiko und Florida haben von den kubanischen Emigranten profitiert.

»Man kann die Süße der Träume oder die Faszination der Ruhe nicht beschreiben, die uns der Zigarrenduft zaubert.«

Jules Sandeau

Zahlreiche andere Länder rund um die Welt produzieren Spitzenzigarren oder zumindest geeignete Tabake. Dazu gehören die USA, Ecuador, Brasilien, die Kanarischen Inseln und Kamerun. Die indonesischen Inseln Java und Sumatra liefern Tabak für die maschinelle Zigarrenherstellung nach Deutschland, Holland und in die Schweiz, die Philippinen nach Spanien.

Tabakernte in den USA. Die Bündel auf dem Anhänger werden zum Trocknen gefahren.

Ein Tabakfarmer beim Pflanzen in der Region Vallarta, Mexiko.

Das Sortieren von Bündeln handgemachter Zigarren in einer nicaraguanischen Fabrik (links).

ZIGARREN HEUTE

Heutzutage ist die Massenproduktion von Waren aller Art die Regel. Die Herstellung handgemachter Zigarren ist arbeitsintensiv. Die Qualität guter Zigarren hängt von der Herkunft des Tabaks, der Art der Fermentation und der Handfertigkeit des Zigarrenmachers ab. Man kann sie durchaus mit bestem Wein vergleichen. Wegen der Zeit, die der Tabak zur Reife braucht, und der vielen Arbeitsstunden bei der Herstellung sind sie teuer und knapp im Angebot. Man wähle mit Bedacht, lagere sie sorgfältig und genieße ihren Duft und ihr Aroma langsam.

EINE HAVANNA

Chemisch betrachtet, gibt es zwei Gruppen von Tabaken. Die Hauptgruppe ist der zuckerhaltige Tabak, der im Rauch eine säurehaltige Reaktion verursacht. Man nimmt ihn für die Zigarettenherstellung. Zigarrentabak ist alkalisch oder basisch und bringt einen neutralen Rauch hervor. Er wird luftgetrocknet, und seine Fermentation erfolgt natürlich.

Tabak wächst in vielen Klimazonen, aber manche Regionen sind für bestimmte Sorten besonders geeignet. Wie beim Wein hängt die Qualität des Tabakblattes vom Boden, der Lage der Plantage, dem Wetter, der Art der Fermentation und schließlich vom Können und der Erfahrung des Zigarrenmachers ab.

Die besten Zigarren setzen sich aus drei Lagen zusammen: der Einlage, dem Umblatt und dem Deckblatt. Für Havannas verwendet man fünf Sorten von Blättern, die als die besten der Welt anerkannt werden. Die Einlage *(tripa)* enthält eine Mischung der drei Sorten *ligero, seco* und *volado*. Sie werden vom Umblatt *(capote)* eingehüllt, während das Deckblatt *(capa)* die Zigarre nach außen abschließt und ihr Aussehen bestimmt.

> *»Wenn ich im Himmel nicht rauchen darf, bleibe ich hier.«*
>
> Mark Twain

Es gibt zwei Sorten von Saatgut, die völlig verschiedene Pflanzen hervorbringen, *corojo* und *criollo*. Die *corojo*-Pflanze, benannt nach der Plantage El Corojo Vega, wo sie gezüchtet wurde, eignet sich für die besten Deckblätter. Sie ist der teuerste Tabak in einer Havanna

Vor dem Trocknen werden je 50 Deckblätter in Körbe sortiert.

und wächst unter Gazebahnen, die an langen Stangen aufgehängt werden.

Die Blätter einer Tabakpflanze werden von oben nach unten in folgende sieben Ebenen unterteilt: *corona, semi corona, centro gordo, centro fino, centro ligero, uno y medio, libra da pie.* Deckblätter werden nach der Farbe in sieben Schattierungen klassifiziert: *double claro* (helles Grün), *claro* (Hellbraun), *colorado claro* (helles Mittelbraun), *colorado* und *colorado* maduro (Rotbraun bis Mittelbraun), *maduro* (Dunkelbraun) und *oscuro* (nahezu Schwarz). Aber es gibt auch noch weitere althergebrachte Bezeichnungen.

Deckblatt *Umblatt* *Einlage*

Eine Montecristo Especial Nr. 2, eine feine kubanische Marke (links).

Die drei Grundbestandteile einer handgemachten Zigarre: Deckblatt, Umblatt, Einlage (rechts).

DER TABAKANBAU

Die *criollo*-Pflanze, die vom einzigen ursprünglichen kubanischen Tabak abstammt, bringt vier der fünf Tabakblätter hervor, aus denen die verschiedenen Havanna-Geschmacksrichtungen gemischt werden. Sie hat sechs bis sieben Paar Blätter und wird voll der Sonne ausgesetzt, um eine größere Differenzierung und Intensität des Geschmacks zu erzielen. Die besten *criollo*-Plantagen nennt man *Vegas Finas.* Die Wurzeln des Tabaks sind äußerst empfindlich und benötigen lockeren Boden. Deshalb werden die Felder im Sommer mehrmals gepflügt. Plantagen müssen in gut drainierten Ebenen liegen. Um eine Bodenverdichtung zu vermeiden, benutzt man Zugtiere. Die Farmer erhalten das Saatgut kostenlos von Tabak-Forschungsstationen.

Der Tabakanbau ist außerordentlich arbeitsintensiv. Während des 120-tägigen Wachstums wird jede Pflanze etwa 150-mal kontrolliert. Nach der Aussaat – in Kuba Mitte September – werden sie zum Schutz gegen die Sonne mit Stroh oder Stoff bedeckt. Dann folgt eine Behandlung mit Pestiziden, und nach etwa 45 Tagen gegen Ende der Regenzeit, wenn die Setzlinge 20 cm hoch sind, werden sie auf die Felder umgepflanzt. Die Blätter werden durch Regen und Tau sowie künstlich von unten bewässert. Wenn sich schließlich die Blüten entwickelt haben, werden sie von Hand entfernt, um das Wachstum der Pflanze zu verstärken.

Die besten *corojo*-Deckblätter gedeihen unter einem Sonnenschutz aus Musseline. Dadurch bleiben die Blätter weich und werden nicht zu ölig. Schattig gewachsener Tabak wie z. B. der feine Connecticut Shade wächst unter zeltartigen Mullnetzen.

Ein erntereifes Feld in South Carolina, USA.

Ein Tabakfarmer arbeitet in der Region Vallarte, Mexiko, auf seinem frisch gepflügten Feld.

DIE TABAKERNTE

Bei der Ernte, also gut 80 Tage nach dem Ausbringen der Setzlinge, werden die Blätter einzeln gepflückt. Dies braucht natürlich seine Zeit. Erst werden in etwa einer Woche alle Blätter des untersten Abschnittes geerntet, dann nach und nach in fünf weiteren Arbeitsgängen die Abschnitte darüber. Ein Durchgang dauert etwa eine Woche. Im Allgemeinen finden sich die besten Blätter im Mittelabschnitt. Sie werden zu Deckblättern. Der obere Abschnitt ergibt die Einlage, der untere die Umblätter. Aus einer Pflanze kann man bis zu 30 Blätter ernten. Die richtige Mischung gibt schließlich der Zigarre ihren speziellen Charakter.

Plantagenarbeiter bei der Tabakernte in Montpelier, Jamaika, um 1900.

Die Blätter werden zu je 50 gebündelt und an waagerechten Stangen in Trockenschuppen, den so genannten *casas del tabaco,* aufgehängt. Sie sind in Ost-West-Richtung gebaut, damit die Morgensonne die eine Seite erwärmen kann und die Abendsonne die andere. Die Stangen sind hoch über dem Boden angebracht, damit die Luft zirkulieren kann, und tragen bis zu 100 Blätter. Je nach Wetter dauert diese Trocknung 45 bis 60 Tage. Dabei erhalten die Blätter ihr typisches Braun, da das Chlorophyll in Karotin umgewandelt wird. Temperatur und Feuchtigkeit in den Schuppen werden genau überwacht.

Danach werden die Blätter heruntergelassen und nach Größe, Oberfläche und Farbe sortiert. Sie werden zu je 20 Stück gebündelt, den so genannten »Händen«, und dann zur Fermentation gestapelt. Die dazu notwendige Restfeuchtigkeit ist noch vorhanden.

Feldarbeiten und Ernte auf Kuba, links in der Region Valle de Vinales und rechts in der Gegend von Pinar del Rio.

FERMENTATION

Die Fermentation vollzieht sich in zwei Stufen. Zunächst werden die Blätter zu Haufen von etwa einem Meter Höhe aufgeschichtet und mit Jute abgedeckt. Hier bleiben sie bis zu drei Monaten. Dabei darf die Temperatur innerhalb des Haufens 33 °C nicht übersteigen. Alle Blätter müssen die gleiche Färbung annehmen. Danach werden die Haufen auseinander genommen, zur besseren Handhabbarkeit befeuchtet und in Einlage, Deck- und Umblätter sortiert. Weitere Kriterien sind ihre Größe, Farbe und Qualität.

Nach diesem Schritt werden sie wieder in das Fermentationshaus gebracht und dicht zu etwa zwei Meter hohen Haufen auf Brettern geschichtet, den so genannten *burros.* In verdunkelten Räumen vollzieht sich nun bis zu zwei Monaten die zweite Fermentation, bei der die Temperatur 43 °C nicht überschreiten darf. In jedem *burro* steckt ein langes Thermometer. Steigt die Temperatur höher, werden die Haufen umgeschichtet, wobei die unteren Blätter nach oben kommen und umgekehrt. Das kann bis zu zehnmal erforderlich sein. Bei diesem Prozess wird unerwünschter Saft, Nikotin und Ammoniak abgebaut. Deshalb enthält der Zigarrentabak erheblich weniger Teer, Säure und Nikotin als Zigaretten. Die Dauer hängt von dem geplanten Ergebnis ab und kann für die fast schwarzen *maduro*-Deckblätter sechs Monate betragen, bis sie ihre volle Farbe erreicht haben.

Die Tabakblätter werden wie hier in Ecuador nach der Ernte auf Stangen zur Trocknung gehängt.

Ein Tabakpflücker in der Nähe von Jalapa in Nicaragua sortiert nach der Ernte Tabakblätter.

Der Reifeprozess

Schließlich werden die Blätter erneut sortiert, in rechteckigen Ballen mit Palmrinde verpackt, den *tercios,* und müssen dann in Lagerhäusern je nach ihrer endgültigen Bestimmung bis zu zwei Jahren reifen. Die lange Reifezeit und die große Sorgfalt bei diesem Vorgang sind letztlich die entscheidenden Faktoren für die Qualität und den hohen Preis einer Premium-Zigarre.

DER AUFBAU EINER HANDGEMACHTEN ZIGARRE

Eine handgemachte Zigarre setzt sich aus drei Komponenten zusammen: dem Deckblatt, dem Umblatt und der Einlage.

> *»Wenn man seinen Text vergessen hat, muss man sich nur eine Zigarre in den Mund stecken und paffen, bis er einem wieder einfällt.«*
>
> Groucho Marx

Das Deckblatt

Das Deckblatt ist der wichtigste und teuerste Bestandteil einer Zigarre und bestimmt ihre Erscheinung. Bei manchen Zigarren prägt es zu 60 % den Geschmack. Deckblätter müssen weich und nicht zu ölig sein und ein feines Bouquet haben. Sie sind 18 Monate gereift, müssen glatt und ohne Adern sein, damit der Zigarrenroller *(torcedor)* sie gut handhaben kann. Die Kubaner nehmen nur Blätter aus ihrer eigenen Produktion. In anderen Ländern können sie aus den verschiedensten Anbaugebieten wie Mexiko, Nicaragua, Kamerun, Indonesien, Honduras oder Ecuador stammen oder aus dem hoch gerühmten Connecticut Shade bestehen.

Das Rollen der Deckblätter ist der anspruchsvollste Teil bei der Herstellung einer handgemachten Zigarre. Der *torcedor* ist das erfahrenste Mitglied seines Teams. Bis zur wirklichen Meisterschaft können 20 Jahre harter Arbeit erforderlich sein.

Kubanische Deckblätter

Die Feinheit der kubanischen Deckblätter erfordert besondere Sorgfalt, um ihre geschmeidige Seidigkeit zu erzeugen. Dazu werden sie durch das morgendliche Ausschütten von Wasser unter die über Nacht hoch gehängten Blätter besonders gleichmäßig befeuchtet *(moja)*. Die Entripperinnen *(despalilladoras)* teilen die Blätter beim Entfernen des Mittelstrunks, die Sortiere-

Die Struktur einer handgemachten Zigarre von oben nach unten: mit Deckblatt, nur mit Umblatt, die Einlage.

Deckblätter nach 50 Tagen Lufttrocknung.

Die Enden zeigen die Struktur der Zigarren, hier H. Upmann Connoisseurs.

rinnen *(rezagadoras)* haben Haufen von Blättern vor sich auf dem Schoß und ordnen sie nach Größe, Farbe und Oberfläche, bevor sie gestapelt werden. Daher stammt vermutlich der Mythos, Deckblätter würden auf den Schenkeln von Jungfrauen gerollt.

Das Umblatt

Das Umblatt ist ein gröberes und stärkeres Blatt, das zumeist vom unteren Abschnitt der Pflanze geerntet wird. Es hält die Einlage zusammen. Natürlich beeinflusst es gleichfalls Brenneigenschaften, Aroma und Geschmack der Zigarre. Seine Eigenschaften müssen perfekt zum Deckblatt und zur Einlage passen. Diese Blätter finden sich auch in vielen maschinell produzierten Zigarren.

Eine alte Zigarrenschachtel mit Tabakblättern als Motiv.

Die Einlage

Die Blätter für die Einlage werden in Längsrichtung

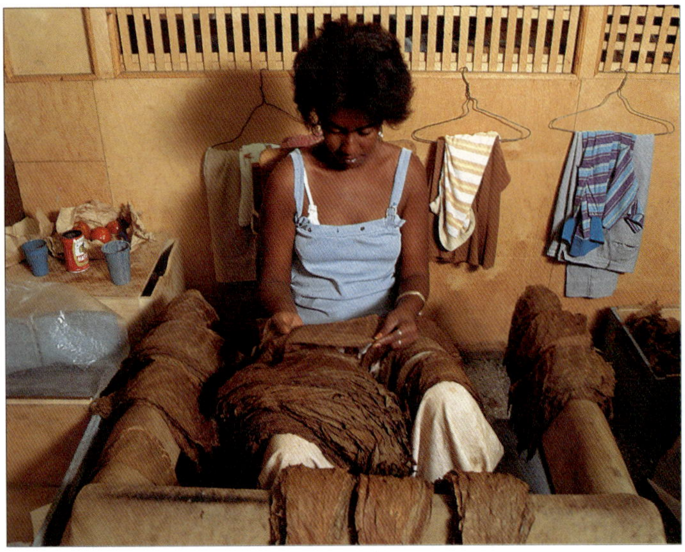

Eine rezagadora *sortiert bei Partagas in Havanna Deckblätter nach Größe, Farbe und Oberfläche.*

Die getrockneten Deckblätter an ihren Holzstangen werden vor der Fermentation genau geprüft.

So genannte »Puppen«, Zigarren noch ohne Deckblatt, werden in hölzernen Formen gepresst.

ziehharmonikaförmig zusammengefaltet. Dadurch entstehen die feinen Züge für den Rauch. Ein Querschnitt sieht wie ein Buch von der Seite aus. Maschinen erreichen die gewünschte Präzision spürbar weniger. Deshalb sind handgemachte Zigarren einfach besser zu rauchen.

Man nimmt verschiedene Sorten von Blättern für die Einlage. In die Mitte kommen die dunkelfarbigen, stark würzigen und langsam brennenden *ligero*-Blätter, die von der Spitze der Tabakpflanze gepflückt werden. Sie sind zwei Jahre lang gereift, bevor sie verarbeitet werden. Die nächste Schicht besteht aus den hellfarbigen und milderen *seco*-Blättern, die aus dem Mittelabschnitt der Pflanze stammen. Sie müssen bis zu 18 Monate reifen. Die äußere Schicht der Einlage bilden *volado*-Blätter, die zwar weniger Geschmack, dafür aber ausgezeichnete Brenneigenschaften haben und etwa neun Monate reifen. Das Mischungsverhältnis dieser drei Bestandteile der Einlage ist der Schlüssel zur Charakteristik einer handgemachten Zigarre. Die Kunst des Zigarrenmachers besteht darin, bei allen Zigarren einer Marke das genau gleiche Mischungsverhältnis zu erreichen.

WIE ZIGARREN GEMACHT WERDEN

Bei der Herstellung handgemachter Zigarren gibt es seit 150 Jahren unverändert sieben Schritte. Je nach Größe und Mischung werden zwei bis vier Einlageblätter wie ein Fächer ineinander gelegt und dann in die beiden Hälften der Umblätter gerollt. Die Einlageblätter müssen völlig eben gerollt werden, weil sonst der Zug behindert würde. Ist die Einlage zu locker, brennt die Zigarre zu schnell und schmeckt beißend, ist sie zu fest, zieht sie nicht richtig. Die Einlageblätter sind der Schlüssel zur Gleichmäßigkeit aller Zigarren einer Marke. Wenn die Einlage in das Umblatt gerollt ist, nennt man diese Vorform »Puppe«.

»Eine Hoyo de Monterrey Double Corona ist nach Desi Arnaz mein liebster Kubaner.«

Bill Cosby

Die Puppen werden zu zehnt in Holzformen mit der endgültigen Größe gelegt. Die überständige Einlage wird zurechtgestutzt. Dann werden

Der typische Arbeitsplatz eines Zigarrenmachers in Havanna mit der chaveta *im Vordergrund.*

Sieben Produktionsschritte braucht man für eine handgemachte Havanna.

Zwei Schritte beim Zigarrenrollen:
Nachdem die Puppen gepresst und in Form gebracht sind, werden sie schräg mit dem Deckblatt gerollt. Danach wird das überstehende Ende mit pflanzlichem Gummi aufgeklebt.

mehrere Formen etwa eine Dreiviertelstunde in der Puppenpresse sanftem Druck ausgesetzt und dabei immer wieder gedreht, um eine perfekte, zylindrische Form zu erzielen. Nun ist die Puppe präpariert, um in das Deckblatt eingehüllt zu werden.

Das Deckblatt

Mit der *chaveta,* dem halbmondförmigen Zigarrenmesser, wird das Deckblatt zunächst auf die richtige Größe gebracht. Die Spitze des Blattes kommt an den Fuß der Zigarre und das untere Blattende an den Kopf. Das garantiert erfahrungsgemäß während der ersten Züge einen milderen Geschmack. Die gepresste Puppe wird dann schräg über das sanft geglättete Deckblatt gelegt und gerollt. Beim Rollen überlappen sich die Ränder mit jeder Drehung. Das lose Ende wird mithilfe eines geschmacklosen, natürlichen Gummis befestigt. Dann wird die Zigarre unter der flachen Seite der *chaveta* gerollt, bis sie vollständig gleichmäßig ist, und aus den überstehenden Deckblattresten wird eine runde Kappe geformt, die mit dem gleichen Klebstoff aufgesetzt wird. Bei den teuersten Zigarren allerdings wird die Kappe durch das einfache Zusammendrehen der Überstände gebildet. Schließlich wird die Zigarre am Kopfende mit einer so genannten »Guillotine« auf die exakte Länge geschnitten.
Und zu guter Letzt werden je 50, die so genannten Halbräder oder *medias ruedas,* mit einem farbigen Band gebündelt, in einer Vakuumkammer ausgeräuchert und anschließend in mit Zedernholz getäfelten Räumen *(escaparates)* gelagert, um ihnen überflüssige Feuchtigkeit zu entziehen.

Die Qualitätskontrolle

Während die Zigarren gegen Schädlinge behandelt werden, unterzieht man einige Exemplare jedes Zigarrenrollers einer strengen Kontrolle. Etwa 10 % der Produktion werden u.a. auf Länge, Festigkeit, Gewicht und Weichheit des Deckblattes getestet. Zusätzlich werden, nur vormittags, Zigarren aus jedem Bündel von professionellen Rauchern, den

Gewicht und Größe von Havannas werden in strengen Qualitätskontrollen gesichert.

catadores, im Blindverfahren probiert. Sie rauchen nur knapp drei Zentimeter ihrer Testobjekte und begutachten Brennverhalten, Zug, Aroma und Geschmack. Diese letzte Kontrolle ist entscheidend, denn die Verbraucher erwarten ein Spitzenprodukt.

Die Farbsortierung

Nach drei Wochen im Zedernholzraum gelangen je tausend der gleichen Größe und Sorte zur Farbsortierung. Das ist wahrlich eine schwierige Aufgabe, den man unterscheidet mehr als 60 Schattierungen. Zigarren der gleichen Farbe werden so in Holzkisten verpackt, dass sie von links nach rechts

Hier werden Partagas Lusitanias sorgfältig in eine Zigarrenkiste aus Zedernholz verpackt.

Eine Lancero, von Castro hoch geschätzt, erhält die unverwechselbare Cohiba-Bauchbinde.

in der Helligkeit zunehmen. Schließlich werden die farbsortierten Zigarren in die Verpackungsabteilung geschickt, wo sie ihre Bauchbinden erhalten und in die traditionell aus Zedernholz gefertigten Zigarrenkisten kommen. Jede Kiste bekommt zum Ausweis ihrer Authentizität ein Etikett und wird versiegelt. Die Verwendung der Zedernholzkiste geht auf das Jahr 1830 zurück, als die Bank von H. Upmann Zigarren an ihre Geschäftsleitung in London schicken wollte. Zedernholz wurde für die Verpackung aus gutem Grund gewählt: Es bewahrt die Feuchtigkeit und ermöglicht es den Zigarren, weiter zu reifen.

Torcedores, *die Zigarrenroller in Havanna, werden bei der Arbeit durch das Vorlesen erbaulicher Romane oder Regierungszeitungen unterhalten. Vorleser gibt es in kubanischen Zigarrenfabriken schon seit 130 Jahren. Sie werden von den Kollegen ausgewählt.*

MASCHINELL HERGESTELLTE ZIGARREN

Es ist schneller, weniger arbeitsintensiv und deshalb billiger, Zigarren maschinell zu produzieren. Dabei wird für gewöhnlich homogenisierter Tabak verwandt. Er ist minderwertiger und billiger, und es gibt kaum Abfall. Homogenisierter Tabak besteht aus pulverisiertem Tabak, Pflanzenfasern und Zellulose. Er wird in Bögen produziert und sowohl für das Um- wie auch das Deckblatt verwendet.

> *»Der wahre Raucher eifert nicht dem Vesuv nach.«*
>
> Auguste Barthélemy

Die besseren Qualitäten, wie die so beliebten europäischen Marken Villiger oder Schimmelpenninck, bestehen zu 100 % aus Tabak. Die meisten maschinell gemachten Zigarren haben eine Einlage, die nicht über die ganze Länge der Zigarre reicht. Die Umblätter sind sehr häufig aus wiederhergestelltem Tabakbruch. Die Deckblätter sind für gewöhnlich von einer geringeren Qualität als Premium. Deshalb brennen diese Zigarren schneller und heißer. Es gibt einige Ausnahmen, aber auch die besten maschinellen Zigarren sind nicht so gut wie irgendeine handgemachte.

Die Herstellung der billigsten Massenprodukte ähnelt der Zigarettenproduktion. Die Einlage besteht aus einer Mischung kleiner Tabakstücke. Sie werden zu Stäbchen verarbeitet und in ein Endlos-Umblatt gewickelt, auf die richtige Länge gebracht, mit dem Deckblatt versehen und korrigiert.

Bei besseren Qualitäten wird sorgfältiger gearbeitet und mehr Personal eingesetzt. Die Einlage aus Tabakschnitzeln kommt in einen Trichter und die geschnittenen Umblätter in eine Rollmaschine, die das Umblatt um die Einlage wickelt – und schon ist die Zigarre fertig, die dann nur noch auf die richtige Länge geschnitten werden muss.

Es ist nicht schwer, den Unterschied zwischen maschinellen und handgemachten Zigarren zu erkennen: Die Deckblätter der maschinell hergestellten sind weniger glatt und haben mehr Blattnerven. Die Kappen sind spitzer, wobei viele gar keine Kappen haben. Einige kubanische Zigarren werden als »handgerollt« oder »von Hand fertiggestellt« verkauft, was bedeutet, dass nur das Deckblatt konventionell gerollt, der Rest aber maschinell fabriziert wurde.

Es soll jedoch erwähnt werden, dass diese Zigarren eine gleich bleibende Qualität und einen milden Geschmack haben und billiger als vollständig handgemachte sind. Die trockenen, kleinen Zigarren der europäischen Marken Villiger und Schimmelpenninck sind in der ganzen Welt überaus erfolgreich, und einige bieten ein exzellentes Rauchvergnügen zu günstigen Preisen.

Die Herstellung der Puppen

Wenn die Zigarren mit einem Umblatt versehen werden, wird jede Puppe einzeln in der Maschine produziert. Bei der Verwendung von homogenisiertem Tabak werden die Puppen in Trichtern, ähnlich wie bei Zigaretten, hergestellt und dann in gleiche Längen geschnitten. Zur Formung des Mundstückes wird dann aus einem Ende ein wenig

Die holländische Marke Schimmelpenninck produziert eine Palette von maschinell gefertigten Topqualitäten.

Kontrolle der maschinell gefertigten Zigarren in der Fabrik von Villazon, Florida, USA.

Die maschinell gefertigten Zigarren der Schweizer Firma Villiger werden in der ganzen Welt geschätzt (rechts).

Tabak herausgebohrt und das Ende zusammengepresst.

Das Rollen des Deckblattes, konventionell und automatisch

Konventionell werden die fertigen Puppen von Deckblattmaschinen eingerollt. Der Arbeiter legt das Deckblatt in eine Schneidemaschine, die die vorgegebene Größe ausschneidet. Es gehört viel Übung dazu, ein Maximum an Deckblättern aus einem Tabakblatt herauszuholen. Das vorgeschnittene Deckblatt wird dann in die Rollmaschine eingeführt.

Das automatische Verfahren wird in Billiglohnländern eingesetzt. Das sortierte und befeuchtete Deckblatt wird einem Arbeiter zugeteilt, der die gewünschten Größen mechanisch ausschneidet. Die Stücke kommen dann auf eine Spule, die bis zu 7000 Stück aufnehmen kann. Das gleiche Verfahren gilt auch für die Umblätter.

Es wurde eine spezielle Maschine entwickelt, genannt BUD (Bobbin Unwinding Device), die Um- und Deckblätter von den Spulen verarbeitet und sogar Beschädigungen entdecken kann, um eine gleichbleibende Qualität zu garantieren.

Das Verpacken

Nach der Produktion werden die Zigarren bestäubt oder auch nicht, gepresst, abgeschnitten und schließlich verpackt. Tabak ist ein Naturprodukt, und jedes Blatt ist anders. Zu bestimmten Zeiten verlangten Zigarrenraucher exakt gleiche Farben ihrer Marke. Das führte zu einer notorischen Farbsortierung, wobei häufig 100 Farben unterschieden wurden.

Wegen der hohen Löhne in Europa ist diese Sortiererei zu teuer geworden. Deshalb stäuben moderne Maschinen Tabakpulver auf die Zigarren und geben ihnen damit allen die gleiche Farbe, aber zugleich auch bessere Brenneigenschaften. In einigen europäischen Ländern, besonders in Holland, Belgien und Frankreich, wächst aber die Nachfrage nach so genannten natürlichen, also unbestäubten Zigarren. Diese Zigarren in ihren uneinheitlichen Farben machen einen »wilden« Eindruck und sind bei jungen Zigarrenrauchern sehr beliebt geworden.

Zu guter Letzt

Nach der Verpackung kommen die Zigarren in einen Trockenraum, wo ihnen auf natürliche Weise Feuchtigkeit entzogen wird. Diese Feuchtigkeit ist für den Verarbeitungsprozeß unerlässlich, weil sonst die Blätter brechen. Wenn die Zigarren wieder einen Feuchtigkeitsgehalt von etwa 12 % haben, stellt sich ihr ursprüngliches Aroma wieder her, und die Zigarre ist verkaufsfertig.

ZIGARRENFORMATE

Je dicker eine Zigarre ist, desto langsamer lässt sie sich rauchen. Die Einlageblätter können in dicken Zigarren feiner gemischt werden, und nur die besten Zigarrenroller der Fabrik dürfen sie vollenden. Das garantiert ihre Qualität und leider auch ihren Preis.

Es gibt mehr als 60 verschiedene Zigarrengrößen. Manchmal haben sie die gleiche Bezeichnung, aber ihre tatsächlichen Ausmaße sind je nach Marke verschieden. Die Auswahl ist verwirrend. Der Durchmesser einer Zigarre wird als Ringmaß angegeben. Das Ringmaß ist ein Vielfaches eines vierundsechzigstel Inches (oder von ca. 0,4 mm). Wenn das Ringmaß also z.B. 32 beträgt, ist die Zigarre 32 vierundsechzigstel Inch, also ein halbes Inch oder ca. 12,5 mm dick.

Es gibt zwei Grundformen: gerade Zigarren *(parejos)* und unregelmäßig geformte Zigarren *(figuardos)*. Zu den klassischen, geraden Zigarren gehören die folgenden Formen:

CORONAS Sie stellen mit einer Länge von 14–15,2 cm und einem Ringmaß von 42 oder 44 (also einem Durchmesser zwischen 16,7 und 17,5 mm) so etwas wie das Standardmaß dar. Sie haben einen offenen Fuß – so nennt man das Anzündende – und einen geschlossenen Kopf – so nennt man das Mundstück. Varianten sind die etwas größere Double Corona (17,8 cm x Ringmaß 49), die Churchill (17,8 cm x Ringmaß 47), benannt nach Sir Winston, und die Robusto (12,7 cm x Ringmaß 50), eine kurze, dicke Zigarre.

Arturo Fuente Double Corona.

> *»Wer nicht raucht, kennt keine große Trauer oder verweigert sich dem sanftesten Trost, der dem des Himmels am nächsten kommt.«*
>
> E. G. Bulwer-Lytton

PANETELAS Sie sind im Allgemeinen länger und dünner als die Coronas. Ihr Standardmaß beträgt 17,8 cm x Ringmaß 38. Sie haben einen offenen Fuß und einen geschlossenen Kopf.

LONSDALES Sie liegen mit 17 cm x Ringmaß 42 zwischen Coronas und Panetelas, sind länger als die ersten und dicker als die zweiten.

Die Hauptgruppen der unregelmäßig geformten Zigarren sind folgende:

BELICOSOS sind schmale, pyramidenförmige Zigarren mit abgerundetem Kopf.

DIADEMAS Sie sind mit 20,3 cm die längsten Zigarren. Es gibt sie mit einem offenen oder geschlossenen Fuß.

CULEBRAS Diese Kuriositäten bestehen aus drei miteinander verdrehten Panetelas.

PERFECTOS Sie haben zwei geschlossene und abgerundete Enden und eine bauchige Mitte.

PYRAMIDEN Sie haben einen spitz zulaufenden, geschlossenen Kopf und einen offenen Fuß.

TORPEDOS Sie haben einen spitz zulaufenden Kopf, eine bauchige Mitte und einen geschlossenen Fuß.

Grundformen der Parejo-Zigarren

Format	Länge (cm/in)	Ringmaß
Double Corona	20 cm/7 7/8 in	49
Churchill	17,8 cm/7 in	47
Lonsdale	17 cm/6 3/4 in	42
Panetela	17,8 cm/7 in	38
Corona	14 cm/5 1/2 in	42
Robusto	12,7 cm/5 in	50
Petit Corona	12,7 cm/5 in	42

Eine Auswahl von Zigarrenformaten von links nach rechts: Don Ramos Petit Corona, Ashton Corona, Santa Damiana Torpedo, Cifuentes Belicoso und Canario d'Oro Lonsdale. Trotz gleicher Formatbezeichnung unterscheiden sich die exakten Größen von Marke zu Marke.

EIN FÜHRER ZU HAVANNAS GRÖSSEN

Es gibt nicht weniger als 42 Formate und Größen für handgemachte Havannas. Die Länge reicht im Allgemeinen von 10 bis 23 cm – obwohl einige auch noch länger oder kürzer sein können –, das Ringmaß von 26 bis 52. Einige Bezeichnungen wie *panetelas* geben für mehrere Marken die gleichen Größen an. Aber die Größen sind nicht automatisch bei allen Marken gleich. Man muss also darauf achten. Eine Romeo y Julieta Panetela z.B. hat die Maße 11,8 cm x 34, eine Cohiba Panetela 11,5 cm x Ringmaß 26.

Glücklicherweise gibt es eine umfassende Liste mit allen Namen für die verschiedenen Formate und Größen der Havanna-Zigarren. Sie wird von den Herstellern zugrunde gelegt. Darin ist auch der Fabrikname für jede Form aufgeführt.

Viele erfahrene Zigarrenraucher haben ihre Lieblingsmarke oder -größe, manche nehmen zu jeder

Eine Hoyo de Monterrey Double Corona, geschätzt von vielen Aficionados (ganz oben).

Eine Romeo y Julieta Churchill. Dies war die erste Marke, die eine Zigarre nach Sir Winston benannt hat (darunter).

Eine milde Quintero Panetela, die seit 1940 in Havanna gemacht wird (unten).

Eine Bolivar Lonsdale. Diese berühmte Marke trägt seit 1901 das Porträt des Freiheitshelden Simon Bolivar (darunter).

Eine Montecristo Corona, eine der berühmtesten Marken aus Havanna (links).

Eine Punch Robusto. Diese Marke wurde 1840 mit Blick auf den britischen Markt gegründet und nach dem berühmten Satiremagazin Punch *benannt (Mitte).*

Eine Romeo y Julieta Petit Corona, gleichfalls eine berühmte Marke, die 1875 auf den Markt kam (rechts).

Namen, Größen und Ringmaße der bekanntesten Havannas

Zigarre	Größe	Ringmaß
Große Ringmaße		
Gran Corona	23 cm/9 in	47
Prominente	19,3 cm/7⅝ in	49
Julieta	17,8 cm/7 in	47
Piramide	15,5 cm/6⅛ in	52
Corona Gorda	14,25 cm/5⅝ in	46
Campana	12,7 cm/5 in	52
Hermosa No. 4	12,7 cm/5 in	48
Robusto	12,4 cm/4⅞ in	50
Standard-Ringmaße		
Dalia	17 cm/6¾ in	43
Cervantes	16,5 cm/6½ in	42
Corona Grande	15,5 cm/6⅛ in	42
Corona	14 cm/5½ in	42
Nacionale	14 cm/5½ in	40
Mareva	12,7 cm/5 in	42
Petit Cetro	12,7 cm/5 in	40
Belvedere	12,7 cm/5 in	39
Standard	12 cm/4¾ in	40
Franciscano	11,4 cm/4½ in	40
Minuto	11 cm/4⅜ in	42
Perla	10,2 cm/4 in	40
Kleine Ringmaße		
Laguito No. 1	19 cm/7½ in	38
Ninfa	17,8 cm/7 in	33
Laguito No. 2	15,2 cm/6 in	38
Veguerito	12,7 cm/5 in	37
Seoane	12,7 cm/5 in	36
Carolina	12 cm/4¾ in	26
Cadete	11,4 cm/4½ in	36
Laguito No. 3	11,4 cm/4½ in	26
Chico	10,5 cm/4⅛ in	29
Entreacto	8 cm/3⅛ in	30

Tageszeit eine andere. Kleinere und leichtere Zigarren werden gerne vor dem Mittag geraucht, eine kräftige danach. Wenn die Zeit knapp ist, greift man zu einer kurzen, aber starken Robusto.

DIE FARBPALETTE

Wie bereits erwähnt, werden Deckblätter nach sieben Grundfarben sortiert, die es allerdings in einer Vielzahl von Schattierungen gibt. Ganz generell gilt, dass die helleren Farben milder schmecken und die dunklen kräftiger und süßer.

Die sieben Grundfarben sind die folgenden:

DOUBLE CLARO Die Blätter sind hellgrün. Die leicht süßlich schmeckenden Blätter werden mit künstlicher Hitze getrocknet, um das Chlorophyll zu erhalten.

CLARO Die Blätter wachsen für gewöhnlich unter Sonnenschutzdächern heran. Sie sind gelbbraun.

COLORADO CLARO oder **CANDELA** Sie sind hellbraun bis braun und werden sowohl im Freien als auch mit Sonnenschutz herangezogen.

»Wenn ein Genie ebenso wie ein Idiot geboren wird, ist das Ende einer Havanna Corona genauso wie das einer 5-Cent-Zigarre.«

Sacha Guitry

COLORADO Sie sind rötlich braun bis braun.

COLORADO MADURO Sonnengeschützt gereift mit einer mittelbraunen Farbe, haben sie ein feines Aroma und einen ausgeprägten Geschmack.

MADURO Diese seidigen und öligen Blätter haben einen reichen Geschmack und ein mildes Aroma. Sie bekommen besonders viel Zeit zum Reifen und damit ein dunkelbraunes Blatt.

OSCURO Die Blätter werden später gepflückt. Die lange Reifezeit bringt ein nahezu schwarzes Blatt hervor. Sie sind auf Kuba selten geworden.

H. Upmann Connoisseur No. 1, ein gelungenes Beispiel für gleichmäßige Farbgebung.

Macanudo Vintage Cabinet Selection – eine Marke für feine, milde Zigarren aus Jamaika.

Die Farbe der Zigarren reicht von der dunkelbraunen maduro *oben über rotbraune* colorados *zu verschiedenen Schattierungen von* claro *am unteren Bildrand.*

Bei La Corona werden Double Coronas nach Farben sortiert (rechts).

Im letzten Produktionsstadium von Havannas sortiert der *escogedor,* der Farbsortierer, die Blätter nach wenigstens 65 Schattierungen. Ein zweiter Farbsortierer sorgt dafür, dass in der Zigarrenkiste die geringfügigen Schattierungen mit der dunkelsten Zigarre links beginnen und mit der hellsten rechts enden.

DIE QUALITÄT

Es gibt drei Qualitätsstufen handgemachter Zigarren. Die Preise sind entsprechend.

PREMIUM-ZIGARREN Sie stellen die am meisten verkauften, handgemachten Zigarren dar. Die Einlage besteht aus langen Blättern. Man muss aber wissen, dass bei einigen Premium-Zigarren die Einlage und die Puppe maschinell hergestellt werden.

SUPER PREMIUM-ZIGARREN Sie werden aus besonders ausgewählten Tabaken für die Einlage und das Deckblatt gemacht und äußerst sorgfältig hergestellt.

VINTAGE-(JAHRGANGS-) ZIGARREN Sie sind das Beste vom Besten und werden aus den besten Tabaken eines Jahrgangs hergestellt. Deshalb sind sie auch sehr teuer. Sie sind auch Spekulationsobjekte, deren Wert dramatisch steigen kann. 1966 wurde eine Kiste mit 25 Trinidad-Havannas in der Schweiz für 11 500 $, also etwa 800 DM pro Zigarre verkauft. Diese Zigarren waren außerordentlich selten und deshalb so teuer. Trinidads werden nur im Format 19,5 cm x Ringmaß 15 bei Cohiba in Havanna hergestellt. Lange waren sie nicht im normalen Handel und nur für die kubanische Regierung reserviert. Erst seit Mitte 1999 werden sie nach Deutschland importiert.

Eine der seltenen Trinidads. Ursprünglich nur für die kubanische Regierung und als Geschenke für Staatsgäste hergestellt, sind sie in Deutschland seit Mitte 1999 erwerbbar (links).

Premium-Zigarren, die man sofort rauchen möchte, und die wichtigsten Werkzeuge der Zigarrenmacher – Holzformen für die Puppen und die chaveta*, das Zigarrenmesser (rechts).*

DER KAUF EINER ZIGARRE

Ein luftdichtes Etui mit fünf Coronets, zusammengestellt bei Dunhill für Soldaten des Zweiten Weltkrieges.

Ein Besuch in einem der besten Zigarrengeschäfte dieser Welt, z.B. Alfred Dunhill, Robert Lewis oder Davidoff in London, La Civette in Paris oder Nat Sherman in New York, ist mehr als ein normaler Einkauf. Für den Aficionado, den leidenschaftlichen Zigarrenliebhaber, ist es der Eintritt in die weihevolle Welt seines größten Vergnügens, voller Entdeckungen und Düfte. Der 1928 eingerichtete Lagerraum von Dunhill in London enthält Kabinette mit bis zu 30 000 Zigarren. In dem Laden gibt es schon seit 1922 einen wunderbaren Schauraum, in dem alle Romeo y Julieta-Zigarren ausgestellt wurden. Obwohl der Zigarrenkauf in London wegen der hohen Tabaksteuern und des Importzolls nicht der günstigste sein kann, hat London vor Genf und Paris den Ruf, in Europa die führende Stadt für den Zigarrenkauf zu sein. Dunhill, bei dem auch Winston Churchill seine Zigarren orderte, verkauft einige hunderttausend handgemachte Zigarren von mehr als zweihundert Marken in allen Größen pro Jahr.

Spanien mit seiner niedrigen Tabaksteuer importiert mehr Zigarren als jedes andere europäische Land. Aber die Qualität und Authentizität mancher Havannas ist hier fragwürdig. Man kann in den besten amerikanischen Geschäften wie Sherman, J.R. Cigars oder Davidoff, alle in New York, hervorragende Zigarren kaufen. Nur Havannas gibt es dort wegen des Handelsembargos gegen Kuba nicht.

Den führenden Geschäften kann man natürlich vertrauen, sollte aber bei weniger bekannten Läden vorsichtig sein. Auch bei Sonderangeboten oder Duty Free-Zigarren auf Flughäfen sollte man den Stempel am Boden der Kiste genau prüfen, um keine maschinell hergestellten Zigarren als berühmte, handgemachte Marken angedreht zu bekommen. Wenn möglich, sollte man die Kiste auch öffnen lassen. Und es empfiehlt sich, mindestens 10 oder 25 Zigarren zu kaufen, weil man den größeren Kisten eine bessere Qualität nachsagt.

Der imposante Eingang in Dunhills Reiferaum in London.

Zedernholzkisten sind selbst kleine Kunstwerke (rechts).

Der begehbare Humidor ist ein Gütesiegel mancher Zigarrenläden (rechte Seite).

COHIBA
Dunhill
CIGARS

DIE AUSWAHL VON ZIGARREN

Man sollte bei der Auswahl seiner Zigarren alle Sinne nutzen und vielleicht an die folgenden, bewährten Regeln denken:

- Schauen Sie in die Kiste und prüfen Sie, ob die Zigarren etwa die gleiche Farbe haben. Es ist ein Mythos, dass die dunkleren kubanischen Zigarren geschmackvoller als die helleren sind.
- Kaufen Sie nur Zigarren, deren Deckblatt einen guten Glanz hat und weder beschädigt ist, noch zu viele Adern hat. Natürlich sind die Deckblätter verschieden, je nachdem, woher sie stammen. Kubanische Deckblätter sind seidig mit einer glatten Oberfläche, solche aus Kamerun ölig und wellig. Deckblätter aus Connecticut haben eine intensivere Farbe als z. B. die aus Ecuador. Sie haben einen guten Glanz und sind ein wenig uneben.
- Die Zigarre darf weder brüchig noch trocken sein. Fassen Sie einige Zigarren an. Sie sollten sich fest und glatt anfühlen, wenn man sie sanft zwischen Zeigefinger und Daumen drückt, und kein knisterndes Geräusch von sich geben.
- Wählen Sie die Zigarre nach Ihren Bedürfnissen aus. Neulinge sollten mit kleineren Zigarren beginnen, z.B. einer halben Corona, etwa 12,7 cm lang mit einem Ringmaß von 42 (mal 0,4 mm = Durchmesser ca. 16,7 mm).

»Mein Vater war Zigarrenraucher und wusste eine gute Zigarre zu schätzen... Er rauchte kubanische Zigarren, trank spanischen Wein und lehrte mich beides.«

Fidel Castro

Drei berühmte Marken aus Havanna: Punch, Bolivar und Romeo y Julieta.

Ein schmaler Tischhumidor eignet sich für die Aufbewahrung weniger Zigarren. Gute Geschäfte geben Ratschläge zur Aufbewahrung der Zigarren und haben zumeist auch Humidore und weitere Accessoires im Angebot.

Eine Auswahl des Angebots im Havana Club von Knightsbridge in London (rechts).

Kleinere Zigarren eignen sich auch besser zum Rauchen während des Tages. Nach einer guten Mahlzeit nimmt der Kenner allerdings lieber eine große, kräftige Zigarre wie eine Churchill oder eine Double Corona.

Zigarren fermentieren und reifen immer weiter, wenn sie richtig aufbewahrt werden. Dies gilt allerdings weniger für die milden, die allmählich ihr Bouquet verlieren können. Handgemachte Qualitätszigarren werden frühestens ein Jahr nach ihrem Import verkauft, und manche werden bis zu zehn Jahren gelagert.

GEFÄLSCHTE ZIGARREN

In den letzten Jahren sind Havannas Gegenstand von Markenfälschungen geworden. Nachforschungen der britischen Importeure Hunters & Frankau haben eine große Menge gefälschter Cohibas, Montecristos, Partagas und Hoyos zutage gefördert, die auf dem Weg nach England waren. Sie waren in Havanna verschifft worden, wo sich der Handel mit Fälschungen von anfangs kleinen Touristenbetrügereien zur organisierten Kriminalität entwickelt hat.

> *»Wenn eine Frau die Vorlieben eines Mannes einschließlich seiner Zigarren kennt und er weiß, was Frauen lieben, sind beide füreinander gerüstet.«*
>
> Colette

Die kubanische Regierung hat zusammen mit ihrer Exportorganisation Habanos SA größere Aktivitäten unternommen, um den Nachschub an der Quelle zu unterbinden. Der weltweite Zigarrenboom auf der einen Seite und die wirtschaftlichen Schwierigkeiten Kubas auf der anderen machen dieses illegale Geschäft sehr lohnend.

Der Habanos-Winkel wird seit 1994 über die Ecken aller Zigarrenkisten mit originalen Havannas geklebt.

Vorzugsweise in Havanna werden Touristen von Straßenhändlern mit günstigen Angeboten von Zigarren überhäuft, die in kleinen Untergrundwerkstätten hergestellt wurden. Häufig haben die Kisten alle Attribute von echten Havannas, einschließlich des offiziellen Siegels, des Echtheitszertifikats von Habanos, der Stempel und des Fabrikcodes. Es ist sogar für Experten sehr schwierig, die Fälschungen von den Originalen zu unterscheiden.

Die Wahrheit kommt spätestens dann schmerzlich ans Licht, wenn die Zigarren geraucht werden und grauslich schmecken und miserabel ziehen. Man hat schon solche aus gerolltem Zeitungspapier entdeckt! Die Fälscher konzentrieren sich natürlich auf die berühmtesten Marken. Erst kürzlich wurde eine Auswahl von Fälschungen so hervorragend beurteilt, dass sie beinahe bei Christie's in London versteigert worden wären.

Um solch Ungemach zu vermeiden, kann man vor allem die fünf Identifikationsmerkmale auf der Zigarrenkiste genau prüfen:

Das **GARANTIESIEGEL** der kubanischen Regierung basiert auf einem Gesetz von 1912. Es stellt einen der ersten Schritte zur Identifikation echter Havannas dar (s. nächste Seite).

Die **DREI STEMPEL** sind auf der Unterseite der Zigarrenkiste eingebrannt:

- *Habanos S.A.* ist der Name der Gesellschaft, die seit dem 1. Oktober 1994 den Export abwickelt. Ältere Kisten tragen den Stempel ihrer Vorgängerin Cubatabaco.
- *Hecho en Cuba* wurde 1960 eingeführt und hat das vorherige »Made in Havana – Cuba« ersetzt.
- *Totalmente a mano,* was »vollständig von Hand« bedeutet, gibt es seit 1989. Das ist nicht unwichtig, weil die EU-Bestimmungen erlauben, teilweise maschinell hergestellte Zigarren als »handmade« zu bezeichnen.

Wenn das Garantiesiegel oder einer der Stempel fehlt, kann man sicher sein, dass die Kiste keine original handgemachten Havannas enthält.

Der **HABANOS-WINKEL** ist seit 1994 die neueste Garantiemarke und wird schräg über die Ecke der Kiste geklebt (s. linke Seite).

Der sicherste Schutz gegen Fälschungen besteht allerdings darin, keine billigen Zigarren nebenbei zu kaufen, sondern nur bei einem vertrauenswürdigen Händler.

Das Garantiesiegel der kubanischen Regierung lautet: »CUBAN GOVERNMENT'S WARRANTY FOR CIGARS EXPORTED FROM HAVANA. REPUBLICA DE CUBA. Sello de garantia nacional de procedencia«.

Die drei Stempel auf der Unterseite der Zigarrenkiste lauten Habanos S.A., HECHO EN CUBA *und* Totalmente a mano.

ZIGARRENKISTEN

Früher wurden Zigarren in Bündeln verkauft, die in Schweinsblasen mit Vanilleschoten zur Verbesserung des Geruchs verpackt waren. Später benutzte man große Zederntruhen, in die Tausende von Zigarren passten. Das Zedernholz verhindert die Austrocknung und befördert den Reifeprozess. 1830 schickte die Bank von H. Upmann Zigarren an ihre Geschäftsleitung in London, die in solchen kleinen Zedernholzkisten verpackt waren, wie sie heute als Zigarrenkisten üblich sind. Die Kisten trugen einen Stempel mit dem Symbol der Bank. Schließlich entschloss sich die Bank, ins Zigarrengeschäft einzusteigen. Andere Hersteller übernahmen bald diese Form der Zigarrenkiste.

Etwa zur gleichen Zeit erfand man die Marke. Mit der Entwicklung des Geschäfts wurde es einfach notwendig, zwischen den verschiedenen Herstellern zu unterscheiden. 1837 klebte Ramon Allones als Erster ein farbiges Markenzeichen auf seine Kisten. Andere Zigarrenmacher zogen nach, und bald fanden sich auf und im Deckel jeder Kiste farbige Illustrationen als eindeutiges

Upmann war der Erfinder der kleinen Zigarrenkiste aus Zedernholz (oben).

Eine Kiste mit 25 Premium-Zigarren von 1904, handgemacht bei Valdrych in der Dominikanischen Republik.

Eine Palette von Havannas. Die farbigen Label gibt es seit 1837 (rechts).

REPUBLICA DE CUBA
25
Aniversario
ROMEO Y JULIETA
HABANA
HENRY CLAY
HABANA

Auch Aluminium-Tuben können kleine Kunstwerke sein – Sir Walter Raleigh ziert eine Churchill.

Markenzeichen. Die Kisten waren damit nun selbst kleine Schönheiten. Seit 1912 wurden die Havannas auch mit einem grünen Garantiesiegel versehen. Dies wurde von den Zigarrenherstellern anderer Länder bald kopiert und ist heute allgemein üblich. Bestimmte Premium-Zigarren werden in lackierten Zedernholzkisten verkauft. Die allerteuersten Zigarren werden in einzelnen, verschraubten Tuben aus Zedernholz mit Messingscharnieren angeboten.

> *»Rauchen ist menschlich; Zigarren sind göttlich.«*
>
> Unbekannt

Man kann nicht oft genug darauf hinweisen, dass man sich den Boden der Zigarrenkiste genau ansehen sollte. Kubanische Zigarren, die vor 1961 hergestellt wurden, wurden als »Made in Havana – Cuba« gestempelt. Von da an lautet der Stempel

J.J. Fox in London hat eine exklusive Marke handgemachter Zigarren. Frühere Kunden des Geschäftes waren Churchill und Oscar Wilde (links).

Eine schöne Kiste mit 25 H. Upmann Coronas. Das Label zeigt stolz die vielen Goldmedaillen, die man im vorigen Jahrhundert gewonnen hat (rechts).

Auf jeder echten Kiste Havannas ist das Garantiesiegel nicht zu übersehen.

»Hecho en Cuba«. Zwischen 1985 und 1994 wurden auch ein Fabrikcode und das Symbol für den staatlichen Monopolisten Cubatabaco gestempelt. Die Fabrikcodes bestehen aus den Initialen des Fabriknamens seit der Revolution: FPG – Francisco Perez German (Partagas); FR – Fernando Roig (La Corona); HM – Heroes del Moncada (El Rey del Mundo); JM – Jose Marti (H. Upmann); BM – Briones Montoto (Romeo y Julieta); EL – El Laguito.

Seit 1994 wurden diese Stempel durch »Habanos S.A.« ersetzt. Und als Zeichen dafür, dass die Zigarren wirklich handgemacht sind, gibt es seit 1989 den Stempel »Totalmente a mano« auf dem Unterboden. Bei nichtkubanischen Zigarren sollte »Handmade« stehen.

Der Stempel »Envuelto a mano« bedeutet nur handverpackt und findet sich gleichfalls auf nichtkubanischen Zigarrenkisten. »Hand-rolled« oder »Handfinished« besagt, dass nur das Deckblatt per Hand aufgerollt wurde und alles andere Maschinen erledigt haben. Die sündhaft teuren Jahrgangszigarren haben einen weiteren Stempel mit dem Erntejahr des Tabaks auf dem Kistenboden.

Die handgemachten dominikanischen Zigarren von Arturo Fuente sind sehr begehrt.

Hermetisch verschlossene Dosen mit einer Lederschlaufe und »natürlich gereiften Zigarren« von H. Upmann.

DIE MARKENZEICHEN

Die illustrierten Markenzeichen sind aufwändig gestaltet. Häufig ist auf dem Deckel ein anderes Design als in seinem Inneren (die sog. »Vista«) und wiederum ein anderes auf dem Einschlagpapier. Mit ihrer Farbenpracht und goldverziertem Prägedruck sind viele mittlerweile Sammlerstücke. Je nach Seltenheit werden dafür hohe Preise gezahlt, wenn auch nicht so viel, wie für eine Jahrgangszigarre. Am gesuchtesten sind die frühen Formen mit Zigarre rauchenden Monarchen oder anderen bedeutenden Persönlichkeiten. Unabhängig von ihrem Wert lohnt es durchaus, sie zu betrachten.

Die Markenzeichen können sich durch goldverzierten Prägedruck oder auch seinerzeit wohl bekannte Gesichter wie Edward VII. auszeichnen.

Klassisch allegorische und heraldische Formen waren auf Kuba populäre Motive (oben).

Ein Label für den amerikanischen Markt. Auch früher schon hat man sich um das Marketing große Gedanken gemacht (unten).

Luis Marx
Habana
LUIS MARX HABANA
FABRICA DE TABACOS
PRIMEROS
SUPERIOR

DIE BAUCHBINDE

In der Mitte des vorigen Jahrhunderts fiel wohlhabenden Rauchern von Havanna auf, dass die Zigarren auf ihren weißen Handschuhen Flecken hinterließen. Zur Lösung dieses Problems erfand Gustave Bock, ein holländischer Produzent von Havannas, die Bauchbinde. Ursprünglich bestand die Bauchbinde aus einfachem, weißen Papier, das auch seinen Zweck erfüllte. Schließlich wurden die Bauchbinden bald nach der Einführung der Zigarrenkisten und ihren dekorativen Markenzeichen ebenfalls schmuckvoll gestaltet. Einige bedeutende Raucher wie Edward VII. oder Bismarck hatten sogar ihre persönlichen Bauchbinden mit Porträts von sich darauf. Das sind jetzt natürlich außerordentlich wertvolle Sammlerstücke. In den letzten Jahren ist die Gestaltung wieder einfacher geworden. Einige Marken wie Romeo y Julieta haben verschiedene Bauchbinden. Die Churchill z.B. hat ein einfaches Goldband, die aller anderen Formate sind rot. Alle anderen Bauchbinden mit kubanischen Markennamen, die aber keine Havannas sind, haben ein sehr ähnliches Design mit feinen Nuancen. Auf der Bauchbinde der kubanischen Romeo y Julieta beispielsweise steht »Romeo y Julieta – Rodriguez Arguelles y Ca. – Habana«, während auf der dominikanischen Version »Romeo y Julieta – Medallas de Oro – Dominican« gedruckt ist.

Reichskanzler Otto von Bismarck (rechts) und König Edward VII. von England (unten) rauchten beide Havannas und hatten höchst persönliche Bauchbinden um ihre Zigarren.

»Tabak verwandelt Gedanken in Träume.«

Victor Hugo

Simon Bolivar, der Freiheitsheld Mittelamerikas im 19. Jahrhundert, ziert alle Bolivar-Zigarren (links).

Die Zigarren von Montecristo mit ihrer weißbraunen Bauchbinde sind Marktführer (rechts).

Eine Kiste mit Jahrgangszigarren (linke Seite).

Die Bauchbinden haben ein bestimmtes Design. Viele sind seit dem vorigen Jahrhundert unverändert.

Das Sortieren handgemachter Zigarren in einer Fabrik in Havanna.

Valle & Co. entwickelte 1840 die Punch, eine der berühmtesten Marken, die seither im Angebot sind. Der Zigarre rauchende Mr. Punch und sein Hund – hier auf einer Titelseite des Satiremagazins von 1915 – prangen heute noch auf jeder Zigarrenkiste. Obwohl unter dem Markennamen immer noch in Havanna produziert wird, gibt es seit einiger Zeit Punch auch aus Honduras (links und unten).

Die Entstehung der Markennamen von Zigarren ist sehr verschieden. Die Punch, 1904 für den britischen Markt entwickelt, trägt den Namen des seinerzeit populären Magazins. Die Bolivar ist natürlich nach dem »Befreier« Süd- und Mittelamerikas vom spanischen Joch benannt, und *Romeo und Julia* (Shakespeare) war eine der beliebtesten Geschichten bei den Zigarrenrollern in Havanna.

Der Spezialist für Bauchbinden *(anilladora)* darf die Reihenfolge der Zigarren und ihre genaue Lage, die der Farbsortierer *(escogedor)* festgelegt hat, unter keinen Umständen ändern, wenn er die Bauchbinden anbringt.

Ob man die Zigarre mit oder ohne Bauchbinde raucht, ist eine rein persönliche Entscheidung. In England galt es früher allerdings als »unmöglich«, die Marke offen zu zeigen. Man sollte die Bauchbinde aber erst entfernen, wenn man einige Minuten geraucht hat, weil die Hitze dann das Klebegummi aufgeweicht hat und die Bauchbinde sich so ohne Beschädigung des Deckblattes abziehen lässt.

Wie Briefmarken können Bauchbinden ein interessantes Hobby sein, wobei die alten Exemplare durchaus einen steigenden Wert haben. Aber sie können auch einfach nur schön sein.

Diese wunderschönen kubanischen und dominikanischen Bauchbinden demonstrieren den Wert, den die Hersteller auf ihren eigenen Ausdruck gelegt haben.

Gustave Bock gilt als der Erfinder der Bauchbinde. Henry Clay war ein amerikanischer Senator des 19. Jahrhunderts.

Die Bauchbinden von Dunhill.

ZIGARRENKURIOSA

Seit dem vorigen Jahrhundert wächst die Zahl des »notwendigen« Zubehörs beständig. Für den einsamen Raucher war eine Mütze »de rigueur«. Als Stumpen beliebt wurden, gab es Stumpenhalter aus Elfenbein oder Bernstein. Grußkarten verkündeten die frohe Botschaft des genussvollen Rauchens. Im Ersten Weltkrieg verteilte das Rote Kreuz Postkarten, die verkündeten, für jede verkaufte Zigarre schicke man eine in die Schützengräben.

Rote Kreuz-Postkarte mit dem Versprechen, für jede verkaufte Zigarre eine an die Front zu schicken (oben).

Utensilien wie scharfe Spielkarten, ein Stumpenhalter und die unverzichtbare Rauchermütze (rechts).

Strickmuster einer Rauchermütze aus einer Frauenzeitschrift.

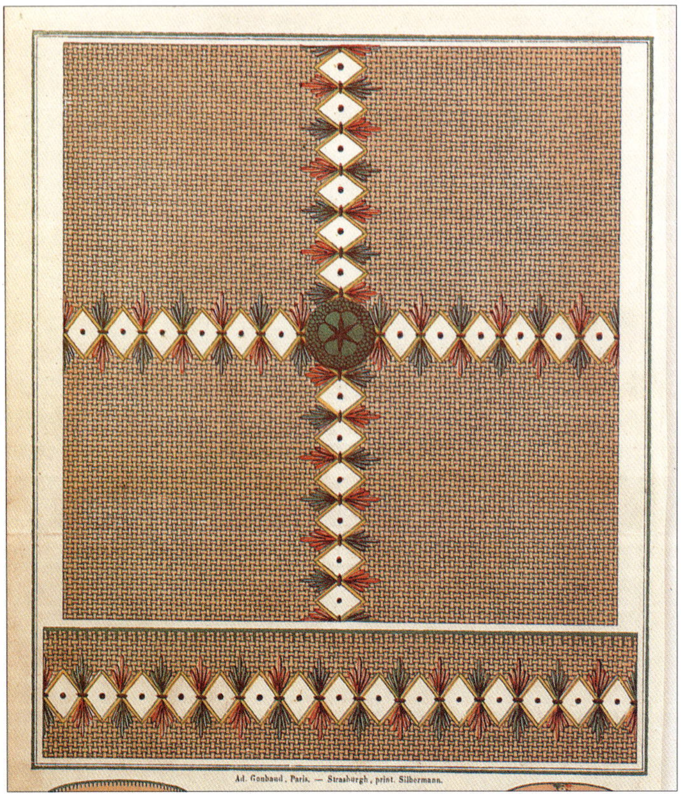

DAS ABSCHNEIDEN

Vor dem Rauchen einer Zigarre muss man als Erstes den Kopf abschneiden. Nur dann kann sie ordentlich ziehen. Alle handgemachten und einige der teuersten, maschinell hergestellten Zigarren sind an einem Ende durch den Kopf verschlossen. Das Abschneiden des Kopfes gehört zum Ritual des Rauchens von Zigarren. Der Schnitt muss sauber und gerade etwa 1,5–3 mm über der Spitze erfolgen. Auf welche Art man dies tut, ist eine persönliche Entscheidung. Man kann einen speziellen Zigarrenabschneider oder ein scharfes Messer nehmen. Könner kommen sogar mit ihren Fingernägeln zurecht.

Es wird eine Fülle von Zigarrenabschneidern angeboten, kleine, billige und leicht mitzuführende Plastik-Guillotinen oder auch aufwändig gestaltete, kleine Kunstwerke aus Stahl oder Emaille, Silber oder Gold. Guillotinen gibt es mit einer oder zwei Klingen, wobei Letztere besser sind. Ein schönes Beispiel für eine einschneidige Guillo-

Zigarrenabschneider und -stecher gibt es in allen Größen und Formen. Hier sind einige Modelle von Dunhill zu sehen.

Die Verkäufer im Zigarrenladen beherrschen die Kunst, den Kopf mit einer Schere abzuschneiden.

Eine hübsch gemachte Hillwood-Guillotine für den wahren Aficionado.

So benutzt man eine Schere richtig. Mit welcher Methode auch immer – das Abschneiden des Kopfes ist ein wesentlicher Teil des Rituals.

tine bester Qualität ist der Zigarrenabschneider von Paul Garmiran, während Davidoffs Zino-Zigarrenabschneider ein gelungenes Beispiel für eine zweischneidige Version darstellt.

Entscheidend ist, dass die Klinge scharf ist. Man sollte nie den Kopf durchstechen, weil so die Zigarre aufgrund der zusammengedrückten Einlage überhitzt wird und das gesamte Aroma zerstört werden kann. Man sollte beim Abschneiden sorgfältig sein, weil sonst das Rauchen nur zum halben Vergnügen wird. Wenn der Schnitt nicht gerade ist, wird der Zug gleichfalls beeinträchtigt und erzeugt ungleichmäßige Hitze. Man darf auch niemals unterhalb des Kopfes schneiden und das Deckblatt beschädigen. Unscharfe Schneider hinterlassen einen zerfransten Rand und ruinieren damit die Zigarre.

Es gibt auch eine große Zahl von Zigarrenscheren, wie sie in Zigarrengeschäften benutzt werden, aber sie verlangen ein wenig Übung. Eine andere beliebte Form schneidet eine Kerbe in den Kopf und gibt so der Einlage eine größere Oberfläche.

Dann gibt es noch zwei andere Arten: den Durchstecher und das Bullauge. Beide stechen ein Loch in die Spitze des Kopfes. Das Bullauge hat ein hohles Endstück und wird kreisförmig gedreht. Beide Gerätschaften sind nicht sehr befriedigend, weil sich in dem Loch Säuren und Tabaksäfte sammeln, die den Geschmack beeinträchtigen. Manche nehmen auch Rasierklingen oder beißen den Kopf einfach mit den Zähnen ab. Das Ausspucken der Köpfe gilt allerdings nicht als besonders fein!

Auch Zigarrenabschneider sind Gegenstand von Sammlerleidenschaft. Wenn sie aus der Mitte des vorigen Jahrhunderts stammen, können sie zwischen 300 und mehr als 6000 DM wert sein, je nach Erhaltungszustand und Seltenheit. Es gibt drei Grundformen: Taschenschneider, Scheren und große Tisch- oder Kombigeräte aus Zigarrengeschäften.

Eine Auswahl schön gemachter Taschenguillotinen. Ob Schneider oder Schere, das Messer muss immer sehr scharf sein.

DAS ANZÜNDEN DER ZIGARRE

Eine Zigarre anzuzünden bedeutet mehr, als eine Flamme daran zu halten. Eine sorgfältig angezündete Zigarre ist in jedem Fall ein größeres Vergnügen als eine nachlässig in Brand gesetzte. Es spielt keine Rolle, ob man ein Streichholz oder ein Feuerzeug benutzt. Einige besondere Zigarrenanzünder haben zwei Flammen. Die meisten Zigarrengeschäfte bieten lange, langsam brennende Streichhölzer aus Zedernholz an, die sehr gut sind. Aber auch normale Streichhölzer tun ihren Dienst, wenn sie nicht zu schwefel- oder wachshaltig sind. Man sollte auch keines der chemisch imprägnierten Pappstreichhölzer nehmen. Wichtig ist nur, dass die Zigarre gleichmäßig entzündet wird und dass ihr eigenes Aroma nicht durch Verbren-

Lange und langsam brennende Streichhölzer bekommt man in fast allen Zigarrenläden.

Nachdem man das Zigarrenende in die Flamme gehalten hat, muss man langsam ziehen und die Zigarre drehen.

Ein spezielles Zigarrenfeuerzeug wie dieses von Dunhill brennt mit Butangas (rechts).

nungsstoffe in der Flamme beeinträchtigt wird. Die Flamme sollte die richtige Größe haben. Man halte die Zigarre waagerecht und lasse sie gerade von der Flamme berühren. Dann bewege man sie langsam hin und her, bis sich das Ende schwärzlich färbt. Nun hält man die Flamme einen guten Zentimeter vor das Zigarrenende und zieht langsam, immer noch möglichst waagerecht. Jetzt wird sich die Zigarre entzünden. Um einen gleichmäßigen Brand zu erzielen, kann man nun das glühende Ende sanft anblasen.

Ungleichmäßiger Brand beeinträchtigt den Zug und das Aroma und lässt die Zigarre zwischendurch ausgehen. Man inhaliert Zigarrenrauch nicht, man schmeckt ihn nur und bläst ihn dann wieder in die Luft. Ältere, gereifte Zigarren brennen leichter als frischere.

Der Schlüssel zum größten Rauchvergnügen liegt darin, eine Überhitzung der Einlage zu vermeiden. Man sollte langsam rauchen und nicht paffen, vielleicht jede Minute etwas stärker ziehen, um die Zigarre in Brand zu halten. Eine richtig gerauchte Zigarre hält – natürlich abhängig von der Größe – 45 Minuten. Das Mundstück sollte trocken bleiben, weil es feucht nicht gut aussieht und außerdem den Geschmack reduziert. Wenn die Zigarre trotzdem ausgeht, klopft man die Asche ab und entzündet sie erneut wie zu Beginn. Aber jetzt sollte man sie einmal kräftig durchblasen, um den abgestandenen Rauch zu entfernen, bevor man weiterraucht. Eine wieder angezündete Zigarre schmeckt häufig strenger als vorher, aber das ist manchmal besser als gar nichts. Entzündet man sie jedoch erst nach ein paar Stunden, ist sie geschmacklich mit Sicherheit nicht mehr dieselbe. Man muss die Asche nicht beständig abklopfen, denn sie fällt von alleine ab, wenn ihre Zeit gekommen ist. Das Ende der Zigarre naht, wenn etwa nur noch ein Drittel übrig ist. Jetzt wird der Rauch heißer, und sie hat einen starken Nachgeschmack. Man drückt sie wegen des unangenehmen Qualms nicht wie eine Zigarette aus, sondern lässt sie im Aschenbecher von selbst ausgehen. Eine gute Zigarre hinterlässt eine feste Asche. Trotzdem sollte man sie bald aus dem Raum entfernen.

Eine ausgegangene Zigarre sollte nach kürzerer Zeit wieder angeraucht werden.

DAS AUFBEWAHREN VON ZIGARREN

Zigarren sind ein Naturprodukt und müssen daher genauso sorgfältig gelagert werden wie Wein oder Lebensmittel. Ihr größter Feind ist ein klimatisierter oder zentralbeheizter Raum. Sie sollten feucht und weder zu warm noch zu kalt aufbewahrt werden. Ideal ist eine Luftfeuchtigkeit von 70–72 % und eine Temperatur von 19–21 °C. Unter solchen Bedingungen werden sie nicht trocken oder brüchig. Sie sollten nicht im Sonnenlicht oder an der Seeluft liegen. Die ganz großen Zigarrenraucher lassen ihren Vorrat bei ihrem Händler, andere haben eigene Lagerräume. Aber jeder sollte mit seinen Zigarren vernünftig und sorgsam umgehen können.

»Mein Junge, Rauchen ist eines der größten und billigsten Vergnügen im Leben, und wenn du dich dagegen entscheidest, tust du mir Leid.«

Sigmund Freud

Handgemachte Zigarren

Entscheidend ist, dass die Zigarren nicht austrocknen. Deshalb sollte man sie in ihrer Zedernholzkiste in einem luftdicht abschließbaren Behälter in einem möglichst kühlen Raum des Hauses aufbewahren. Man kann zusätzlich einen feuchten Schwamm in das Behältnis legen. Wenn es sich nur um wenige Zigarren handelt, reicht eine von innen befeuchtete und gut

Ein guter Humidor aus Holz wie dieser ist zwar teuer, erweist sich aber als eine gute Investition.

Mit Zedernholz ausgekleidete Tuben sind für reisende Zigarrenraucher bestens geeignet.

verschlossene Plastiktüte für die Originalverpackung. Dabei dürfen die Zigarren selbst natürlich keine Berührung mit Wasser haben. Von Experten belächelt wird die Methode, die Zigarren in einer verschlossenen, stramm gewickelten Plastiktüte – niemals ungeschützt – im Gemüsefach des Kühlschranks aufzubewahren. Jedenfalls sollte man sie 30 Minuten vor dem Rauchen herausholen, damit sie sich der Raumtemperatur angleichen können.

Zigarren in Aluminiumtuben mit Zedernholzfutter können schnell austrocknen, weil diese nicht luftdicht sind. Mehr als drei Tage vertragen sie kaum. Zellophanverpackungen kann man so belassen, es sei denn, man hat einen guten Humidor. Manchmal werden auch kleine Befeuchter angeboten, die in eine Zigarrenkiste passen, oder zusammenschiebbare Zigarrenbehälter aus Leder, die der Zigarrengröße angepasst werden können.

Man kann natürlich auch einen Humidor kaufen, ein Behältnis, das Zigarren feucht hält. Es gibt kleine und große, aus Holz oder Leder, für Reisezwecke oder als repräsentatives Möbelstück. Die Qualitätsprodukte stammen von Herstellern wie Davidoff, Dunhill, Savinelli oder Diamond Crown. Die größeren Möbel werden von Herstellern wie Vinotemp, Prendegast oder Kretman-Thelan angeboten.

Traditionell werden Humidore aus Walnuss, Rosenholz oder Mahagoni gefertigt. Einige sind außerordentlich teuer, aber es gibt jetzt auch günstigere Modelle aus Plastik. Es ist wichtig, dass der Humidor handwerklich sauber gearbeitet und innen nicht lackiert ist, einen Hygrometer zur Messung der Luftfeuchtig-

Taschenetuis reichen für ein paar Lieblingszigarren.

keit und vor allem einen schweren, gut schließenden Deckel hat. Des Weiteren sollte er Einlagen haben, damit man Zigarren auf verschiedenen Ebenen lagern kann, sowie Luftschlitze an den Seiten, damit er atmen kann, sich nicht verzieht und das Furnier sich nicht löst. Die meisten Humidore haben Befeuchter, die auf der Basis von Wasser funktionieren. Dazu sollte man destilliertes Wasser nehmen, weil Leitungswasser unerwünschte Substanzen enthalten kann. Humidore können zwischen gut 200 DM bis zu vielen tausend Mark für die größeren kosten. Ein antikes Stück, das einmal Präsident Kennedy gehört hatte, wurde kürzlich für über eine Million Mark versteigert. Ganz gleich, ob das Befeuchtungssystem aus einem Schwamm oder aus Chemikalien besteht – es muss von Zeit zu Zeit kontrolliert und aufgefüllt werden. Für Leute, die viel reisen, bieten einige Tabakhersteller Etuis mit kleinen Befeuchtern an.

Plastiktüten sind eine billige Alternative und halten die Zigarren einige Zeit frisch (links).

Valdrych 1904 Premium-Zigarren in einem kleinen Humidor von Dunhill (unten).

Weil die Lagerung der Zigarren so wichtig ist, sollte man bei einem Gelegenheitskauf darauf achten, dass sie nicht einfach in einem Regal herumstehen. Sie dürften ausgetrocknet und damit enttäuschend sein.

Die Aufbewahrung maschinell hergestellter Zigarren

Trockene europäische Zigarren sollte man bei einer Luftfeuchtigkeit von 11–13 % aufbewahren, die möglichst stabil gehalten wird. Die Temperatur darf sich zwischen 18 und 20 °C bewegen, keinesfalls 12 Grad unter- oder 25 °C überschreiten. Große Temperaturschwankungen sind abträglich. Insgesamt aber ist die

Eine mit Zedernholz ausgeschlagene Zigarrenkiste mit Humidor und einem Feuchtigkeitsmesser (links).

Drei Bolivar Royal Coronas passen bestens in dieses zusammenschiebbare Lederetui.

Lagerfähigkeit der so genannten »holländischen«, trockenen Zigarren unter normalen Umständen praktisch unbegrenzt. Man benötigt keinen Humidor. Sogar einige Jahre der Lagerung mindern ihre Qualität nicht, vorausgesetzt sie sind nicht feucht geworden oder öfter einem völlig anderen Raumklima ausgesetzt gewesen. Im Gegenteil: Einige Zeit richtig aufbewahrt, verbessert sich sogar ihr Geschmack.

Die »Wiederbelebung« von Zigarren

Mit ein bisschen Glück kann man ausgetrocknete Zigarren wieder rauchbar machen, aber leider das ursprüngliche Bouquet nicht wiederherstellen. Man stellt die offene Zigarrenkiste einfach zwei oder drei Wochen neben einem feuchten Schwamm in eine nicht vollständig verschlossene Plastiktüte und sortiert die Kiste gelegentlich um. Noch einfacher und schneller ist es, die Unterseite der Zigarrenkiste zu befeuchten und einige Tage in einen abgeschlossenen Plastikbehälter zu stellen.

Zigarrenkrankheiten

Auch dem erfahrenen Zigarrenraucher kann es passieren, dass er seine Zigarren in beschädigtem Zustand vorfindet.

Schimmel kann sich bilden, wenn die Zigarren direkte Berührung mit Wasser hatten oder der Humidor nicht sauber gehalten wird. Bei Befall muss man angeschimmelte Zigarren wegwerfen und den Humidor gründlich reinigen. Hat die Zigarre einen weißlichen Glanz, handelt es sich dagegen um Öle, die beim Reifeprozess ausgeschieden werden. Sie können mit einem weichen Lappen abgewischt werden.

Der **Tabakwurm**, genauer seine Eier, überlebt manchmal das Räuchern während der Produktionsphase. Dann schlüpfen die Würmer im tropischen Klima des Humidors. Das erste Anzeichen sind kleine Löcher im Deckblatt. Auch diese befallenen Zigarren müssen vernichtet werden. Die anderen kann man in einer dichten Plastiktüte im Gefrierfach für mehrere Tage einer Gewaltkur unterziehen. Das hilft in aller Regel. Als Übergang zu normalen Temperaturen legt man sie danach noch in ihrer Plastiktüte für einige Tage in den normalen Kühlschrank, damit das Deckblatt nicht platzt.

Mancher Humidor hat mehr als nur Zigarren zu bieten!

ZIGARRENRAUCHER

Als Zigarrenraucher befindet man sich in guter Gesellschaft. Der wohl bekannteste ist Winston Churchill, der in seinem Leben etwa 250 000 Zigarren geraucht haben soll. Er kam mit Anfang zwanzig auf den Geschmack, als er während des kurzen spanisch-amerikanischen Krieges 1898 als Soldat auf Kuba war. Etwa 4000 Zigarren entnahm er jedes Jahr bis zu seinem Tode im Alter von 91 Jahren seinem extra gebauten Feuchtigkeitsraum. Seine Lieblingszigarre – heute ist sie nach ihm benannt – war eine Double Corona Maduro mit dem Ringmaß 47. Im Zweiten Weltkrieg wurde der Laden seines Hauptlieferanten Dunhill von deutschen Bomben getroffen. Dessen Manager rief am frühen Morgen als Erstes den Premier an, um ihm mitzuteilen, dass seine Zigarren unversehrt geblieben waren.

> *»Eine Frau ist nur eine Frau, eine gute Zigarre ein Rauchvergnügen.«*
>
> Rudyard Kipling

Unter den amerikanischen Präsidenten war Kennedy als Aficionado bekannt. Man erzählt, dass er einen Vertrauten unmittelbar vor Verhängung des Handelsembargos gegen Kuba beauftragte, einen Vorrat seiner Lieblingshavannas H. Upmann Petit Coronas zu besorgen. König Faruk von

Der irische Schriftsteller Oscar Wilde war ein heftiger Zigarrenraucher. Hier präsentiert er sich recht dandyhaft mit Handschuhen in der einen Hand und einer Zigarre in der anderen. Sein Rechnungsbuch bei J.J. Fox am Piccadilly in London von etwa 1890 ist ganz links zu sehen.

Konzentration, Genuss, Macht: Bundeskanzler Schröders Cohiba erregte Aufsehen.

Fidel Castro, hier auf einem Foto aus den ersten Januartagen 1959, als Batista vertrieben wurde, verfügte die Verstaatlichung der kubanischen Zigarrenindustrie (rechts).

Charlie Chaplin, hier 1931 in dem Film »Lichter der Großstadt«, rauchte auch privat Zigarren.

Ägypten, 1952 von Nasser abgesetzt, hat einmal eine Spezialanfertigung geraucht, die die »Visible Immenso« (die sichtbare Große) hieß und mit einem 47er Ringmaß 46 cm lang war. Bei Davidoff in London kann man die mit einer Länge von 90 cm und einem Ringmaß von 96 vermutlich größte jemals gemachte Zigarre sehen. Gegenwärtig sind die Jamaica Ten Downing Street (27 cm x 51) und die Valdrych Quisqueya Real (25,4 cm x 50) die größten käuflichen Zigarren.

Weitere berühmte Zigarrenraucher sind oder waren die Bundeskanzler Ludwig Erhard und Gerhard Schröder, die US-Präsidenten Ulysses S. Grant, John Quincy Adams und Bill Clinton, Mark Twain, Bismarck, Rudyard Kipling, Edward VII., Albert Einstein, Sigmund Freud, Somerset Maugham, Charlie Chaplin, Groucho Marx, Fidel Castro, Bill Cosby,

Reichskanzler Otto von Bismarck verhandelt 1871 mit dem Außenminister Jules Favre den Frieden mit Frankreich.

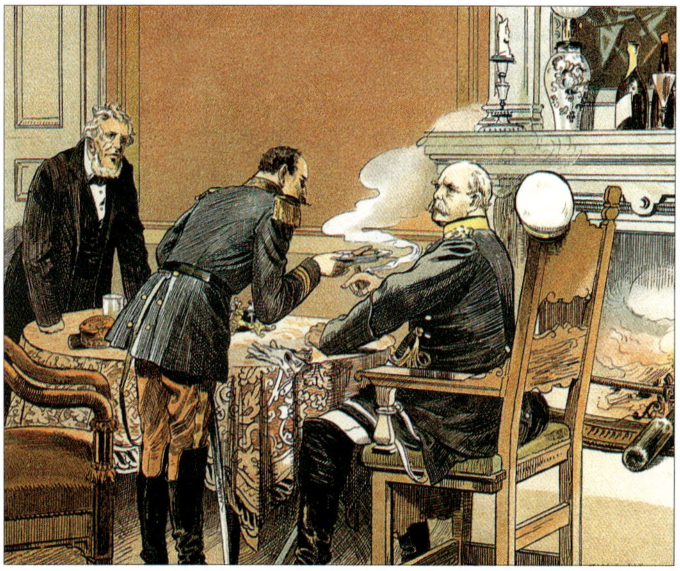

Die französische Schriftstellerin Colette war überzeugte Zigarrenraucherin und rauchte auch im Bett (links).

Bonnie Parker, die eine Hälfte von Bonnie and Clyde, begründete das rebellische Image, das mit Raucherinnen bis heute verbunden wird (rechts).

Für Frauen galt das Rauchen von Zigarren im vorigen Jahrhundert als sehr gewagt. Das Bild oben zeigt gelangweilte Ladies, die ihre Havannas genießen. Auf dem Bild »Mädchen in einer Bar« von Ramon Casas I Carbo ist die Haltung der Raucherin eine völlig andere (oben und rechts).

Arnold Schwarzenegger, Madonna, Whoopi Goldberg und Bette Midler – die Reihe ist endlos!

Seit dem vorigen Jahrhundert gelten Zigarren bei den Herren der Schöpfung als Symbol von Macht und Prestige. In den letzten Jahren haben viele junge Frauen, glamouröse Berühmtheiten zumeist, zur Zigarre gegriffen. Heute verleiht die Zigarre Frauen ein Image von Macht und ein wenig Rebellion (trotz des Gesundheitsrisikos), aber Frauen rauchen seit dem vorigen Jahrhundert Zigarren. In Künstlerkreisen oder bei Bohemiens gab es viele Zigarrenliebhaberinnen, und künstlerische Darstellungen rauchender Frauen standen für viele Ideen wie die Frauenemanzipation oder ein Leben außerhalb der bürgerlichen Gesellschaft.

In den letzten Jahren ist die Beliebtheit von Zigarren in den USA wieder gewachsen. In vielen größeren Städten gibt es exklusive Zigarren-Clubs, obwohl das öffentliche Rauchverbot in einigen Staaten wie Kalifornien solche Clubs eigentlich illegal macht.

R. Casas 92

Davidoff
Davidoff
Davidoff
HOYO DE MONTERREY HABANA
MONTERREY HABANA
PUNCH HABANA RE MANUEL LOPEZ
PUNCH HABANA RE
PUNCH HABANA RE
ROMEO Y JULIETA RODRIGUEZ ARGUELLES Y Cª HABANA
PARTAGAS HABANA
PARTAGAS HABANA
BOLIVAR HABANA
BOLIVAR
BOLIVAR HABANA

ZIGARREN-LEXIKON

Das Rauchen von Zigarren erlebt gegenwärtig eine Renaissance. Die Nachfrage für handgemachte Premium-Zigarren übersteigt häufig das Angebot, und die Aficionados sind bereit, große Summen auf den Tisch zu legen, um in ihrem Aroma und Geschmack schwelgen zu können. Gegenwärtig ist das Angebot handgemachter Zigarren in den Vereinigten Staaten mit Abstand am größten. Die USA sind der bei weitem größte Verbraucher, wohl nicht zuletzt wegen der überall präsenten Film- und Fernsehstars mit ihren Zigarren. Von mehr als 1000 Marken sind in den USA 90 % erhältlich, in Großbritannien nur 15 %. Aber hier und in anderen Ländern Europas kann man wegen des US-Handelsembargos gegen Kuba die meisten Havannas bekommen.

BRASILIEN

Brasilien ist kein bedeutender Produzent von handgemachten Zigarren. Seine bekanntesten sind die Kollektion von Suerdieck, die aus mittelstarken Zigarren von mittlerer Qualität besteht. Diese Zigarren mit kleinen Ringmaßen verarbeiten hauptsächlich die heimischen Tabake. Die kürzlich eingeführte Sorte Don Pepe, handgemacht und von guter Qualität, verwendet Sumatra-Tabake, die in Brasilien angebaut werden, und ist in Nordamerika beliebt. Zino ist eine weitere Marke kleiner, maschinell hergestellter Zigarren. Brasilianischer Tabak ist dunkel und hat einen leicht süßlichen Geschmack.

Für die beliebte Don Pepe wird neben anderem vor allem brasilianischer Tabak verwendet.

Rio de Janeiro und seine aufregende Küste.

CANONERO

Diese milde brasilianische Marke von exzellenter Qualität – seit 1995 auf dem Markt – verwendet Connecticut Shade-Deckblätter und brasilianische Einlagen und Umblätter. Seit kurzem gibt es spezielle Geschenkkisten mit Lonsdales und Robustos.

Name	Länge	Ringmaß
Double Corona	19 cm/7½ in	50
Churchill	17,8 cm/7 in	46
Lonsdale	16,5 cm/6½ in	42
Rothschild	14 cm/5½ in	50
Corona	14 cm/5½ in	42
Robusto	12,7 cm/5 in	52
Potra	10,8 cm/4¼ in	38

Canonero-Zigarren mit ihrem eigenen, milden Geschmack und anspruchsvollen Preisen gibt es in Kisten verschiedener Größe (rechts und außen).

DON PEPE

1994 von Suerdieck auf den Markt gebracht, haben sich diese handgemachten, milden bis mittelstarken Zigarren guter Qualität in den USA als Erfolg erwiesen. Für das Deckblatt wird in Brasilien gezogener Sumatra-Tabak verwendet.

Name	Länge	Ringmaß
Double Corona	19 cm/7½ in	52
Churchill	17,8 cm/7 in	48
Petit Lonsdale	15,2 cm/6 in	40
Slim Panetela	13,3 cm/5¼ in	26
Robusto	12,7 cm/5 in	52
Half Corona	10,8 cm/4¼ in	34

SUERDIECK

Eine Marke milder bis mittelstarker, handgemachter Zigarren von mittlerer Qualität und Verarbeitung. Sie enthalten nur brasilianischen Tabak. Suerdieck produziert auch maschinell.

Name	Länge	Ringmaß
Nips	15,2 cm/6 in	32
Fiesta	15,2 cm/6 in	30
Valencia	15,2 cm/6 in	30
Caballero	15,2 cm/6 in	30
Finos	14,6 cm/5¾ in	46
Corona Brasil de Luxe	14 cm/5½ in	42
Brasilia	14 cm/5½ in	30
Mata Fina Especial	13,3 cm/5¼ in	42
Viajantes	12,7 cm/5 in	40
Mandarin Pai	12,7 cm/5 in	38
Premium-Serie		
Panetela Fina	14,6 cm/5¾ in	36
Corona Brasil Luxo	14 cm/5½ in	45
Corona Imperial Luxo	14 cm/5½ in	45
Mata Fina Especial	13,3 cm/5¼ in	42

KAMERUN

Die ehemalige französische Kolonie stellt selbst keine Zigarren her, aber in ihrem tropischen Klima gedeihen einige der gesuchtesten Deckblätter der Welt, die wegen ihres reichen, dunklen Charakters berühmt sind. Das Blatt hat einen würzigen Geschmack und einen recht scharfen Geruch. Viele bekannte Premium-Marken wie Cuesta-Rey, Don Diego, Montecruz, Nat Sherman, Partagas oder dominikanische Ramon Allones, dominikanische Romeo y Julietas und Royal Jamaikas haben Deckblätter aus Kamerun.

Nat Shermans Geschäft und seine eigenen Zigarren werden in der ganzen Welt geschätzt. Viele dieser Zigarren haben Deckblätter aus Kamerun.

ECUADOR

Das typisch südamerikanische tropische Küstenklima bringt heute ein Deckblatt guter Qualität aus Sumatrasamen hervor, bekannt als Ecuador/Connecticut. Hohe Temperaturen, hohe Luftfeuchtigkeit und fruchtbarer Boden bieten einen idealen Standort für den Tabakanbau.

Die Zigarren dieser Region sind im Allgemeinen mild und haben einen guten Geschmack.

Ecuadorianischer Tabak wird überallhin exportiert und kommt in vielen handgemachten Zigarren vor, z.B. bei den Marken Bances, Cuba Aliados, den honduranischen Marken El Rey del Mundo, La Gloria Cubana, Punch und bei Hoyo de Monterrey sowie Sosa.

Viele berühmte Marken verwenden Tabak aus Ecuador, etwa Bances oder die honduranische Punch.

KANARISCHE INSELN

Die Kette der sieben kanarischen Vulkaninseln im Atlantik gehört zu Spanien. Hier liegt ein Zentrum für den Anbau bester Tabakqualitäten. Die afrikanische Küste ist nicht weit, und die vorherrschenden Luft- und Wasserströmungen gehen in südwestlicher Richtung. Der hier angebaute Einlage- und Umblatt-Tabak findet in der Zigarrenproduktion der Inseln Verwendung. Zusätzlich wird Tabak aus Brasilien, der Dominikanischen Republik und Indonesien importiert, während die Deckblätter aus vielen Ländern, einschließlich der USA, stammen.

Nach der kubanischen Revolution erlebte die Tabakindustrie einen Aufschwung. Die American Consolidated Cigar Corporation begründete hier zusammen mit Pepe Garcia, einem der größeren kubanischen Zigarrenhersteller, Cuban Cigar Brands sowie eine Fabrik für die handgemachten Premium-Marken. Zusammen mit der gleichfalls enteigneten Familie Mendez stellte man mit dominikanischen und brasilianischen Einlagen und Deckblättern aus Kamerun Montecruz-Zigarren her. Mitte der 70er Jahre wurde die Produktion in die Dominikanische Republik verlegt.

Das Klima der Kanarischen Inseln ist ideal für besten Qualitätstabak (oben und unten).

DUNHILL

Alfred Dunhills bekannte englische Firma bietet eine kleine Kollektion von Zigarren an, die von CITA auf Teneriffa hergestellt werden. Die Einlage besteht aus brasilianischem *Piloto Seco* und *Piloto Ligero* aus Santo Domingo, einem Umblatt aus Santo Domingo und einem Deckblatt aus Connecticut. Alle fünf Formate haben einen milden bis mittleren Geschmack mit einem Hauch Süße. Derzeit gibt es sie nur in den USA. Sie tragen schwarze Bauchbinden (die dominikanischen Dunhills blaue, s. S. 140 und 159).

Name	Länge	Ringmaß
Lonsdale Grande	19 cm/7½ in	42
Corona Grande	16,5 cm/6½ in	43
Panetela	15,2 cm/6 in	30
Corona Extra	14 cm/5½ in	50
Corona	14 cm/5½ in	43

Vor dem Anbringen der Bauchbinden werden diese Dunhills farbsortiert.

KUBA

Die Ureinwohner Kubas, die Taino-Indianer, rauchten grobe »Zigarren« aus gerollten Tabakblättern. Heute ist Kuba als Produzent der besten Zigarren und des besten Tabaks der Welt weithin anerkannt.

Auf einer Zigarrenkiste: der Hafen von Havanna im 18. Jahrhundert.

Der beste Tabak stammt aus der westlichsten Provinz Pinar del Rio und dort aus Vuelta Abajo in der Nähe der Städte San Luis und San Juan y Martinez. Das Klima und die Bodenbeschaffenheit für den Tabakanbau sind hier perfekt. Es ist die einzige Region, die alle Blattsorten für eine Zigarre produziert. Die jährliche Niederschlagsmenge ist mit 1,52 m eine der höchsten der Insel. Die Wachstumszeit liegt zwischen November und Februar. In der Trockenzeit herrscht hier bei täglich etwa acht Stunden Sonnenschein eine Durchschnittstemperatur von 27 °C und eine Luftfeuchtigkeit von 64 %. Der Tabak wächst auf vielen kleinen Farmen in Privatbesitz, die die Ernte zu einem festen Preis an die Regierung verkaufen. Die Farmer *(vegueros)* bewirtschaften zwischen zwei und maximal 60 Hektar. Bis 1959 waren die weitaus meisten kultivierten Flächen in Händen der – zumeist amerikanischen – internationalen Tabakkonzerne.

In Semi Vuelta, gleichfalls in der Provinz Pinar del Rio, in der Region Partidos nahe Havanna, in Remedios in der Mitte der Insel und in Oriente im Osten wird gleichfalls sehr guter Tabak angebaut.

Mitte des 19. Jahrhunderts gab es fast 10 000 Tabakplantagen und mehr als 1000 Zigarrenfabriken auf Kuba. Zu Beginn dieses Jahrhunderts stellten etwa 120 Fabriken

Die Fabrik von Partagas mitten in Havanna.

Typische Trockenschuppen auf Kuba.

Deckblätter werden in einem Trockenschuppen zum Trocknen aufgehängt.

mehr als 200 Marken her. Die Arbeiter galten als die Elite ihrer Klasse. Nach der Revolution 1959 floh ein großer Teil der führenden Produzenten in andere Länder wie die Kanarischen Inseln oder die Dominikanische Republik. Viele wurden dort erfolgreich.

Vielfach wurde nach der Revolution geklagt, dass die Qualität der Havannas zurückgegangen sei. Aber die Kubaner brachten Montecristo und Cohiba heraus, die weltweit heiß begehrtesten Premium-Marken. Heute stellen nur noch sechs Fabriken auf Kuba handgemachte Zigarren her, obwohl die Produktion von rund 30 Millionen Zigarren nach der Revolution auf 50 bis 80 Millionen und 22 Marken in den letzten Jahren gestiegen ist.

Auch die Namen der berühmten Havannafabriken wurden nach 1959 geändert. La Corona wurde zu Fernando Roig, Partagas zu Francisco Perez German, El Rey del Mundo zu Heroes del Moncada, und die berühmteste, Romeo y Julieta, heißt nun Briones Montoto. Allerdings stehen die alten Namen immer noch außen an den alten Fabrikgebäuden im spanischen Stil. Jede Fabrik hat ihren Schwerpunkt in einigen Marken einer bestimmten Geschmacksrichtung. Die Marken Partagas, Gloria Cubana, Bolivar und Ramon Allones werden z.B. alle in der alten Partagas-Fabrik von 1845 hergestellt, insgesamt etwa fünf Millionen Stück pro Jahr.

Zu den erstklassigen kubanischen Marken gehören die vollkräftigen Bolivars, die hervorragenden Cohibas, die erlesenen Diplomaticos, H. Upmann und Hoyo de Monterrey oder die seltenen und milden Gisperts, um nur einige zu nennen. Im Allgemeinen haben Havannas einen mittleren bis vollen Geschmack mit kaffee- und honigartigem, erdigen Ton.

Arbeiter bei Partagas öffnen Bündel getrockneter Deckblätter.

BOLIVAR

Die Marke Bolivar wurde 1901 von der Rocha Company aus Havanna auf den Markt gebracht. Benannt wurden sie nach einer der großen, romantischen Figuren des 19. Jahrhunderts, Simon Bolivar, der Teile Südamerikas von der spanischen Herrschaft befreite. Ein großer Teil der Marke ist handgemacht, aber es gibt auch einige maschinell hergestellte Formate. Die handgemachten haben angemessene Preise und einen vollen Geschmack. Deshalb sind sie für Anfänger nicht unbedingt zu empfehlen. Dagegen sind die maschinell hergestellten wegen ihres weniger intensiven Geschmacks gut geeignet. In der Dominikanischen Republik werden unter dem gleichen Namen völlig andere Zigarren produziert.

Corona Gigante, Corona Extra, Belicoso Fino und Corona Junior (von links nach rechts).

Name	Länge	Ringmaß
Corona Gigante	17,8 cm/7 in	47
Churchill	17,8 cm/7 in	47
Palma	17,8 cm/7 in	33
Immensa	17 cm/$6\frac{3}{4}$ in	43
Lonsdale	16,8 cm/$6\frac{5}{8}$ in	43
Gold Medal Lonsdale	16,2 cm/$6\frac{3}{8}$ in	42
Corona Extra	14,3 cm/$5\frac{5}{8}$ in	44
Belicoso Fino	14 cm/$5\frac{1}{2}$ in	52
Corona	14 cm/$5\frac{1}{2}$ in	42
Petit Corona	12,7 cm/5 in	42
Bonita	12,7 cm/5 in	40
Royal Corona	12,4 cm/$4\frac{7}{8}$ in	50
Regente	12,4 cm/$4\frac{7}{8}$ in	34
Corona Junior	10,8 cm/$4\frac{1}{4}$ in	42
Demi-Tasse	9,8 cm/$3\frac{7}{8}$ in	30
Zedernholztuben		
Churchill	17,8 cm/7 in	47
Tubos No. 1	14 cm/$5\frac{1}{2}$ in	42
Tubos No. 2	12,7 cm/5 in	42
Tubos No. 3	12,4 cm/$4\frac{7}{8}$ in	34
Maschinelle Serie		
Champion	14 cm/$5\frac{1}{2}$ in	40
Panetela	12,7 cm/5 in	35
Chicos	10,6 cm/$4\frac{3}{16}$ in	29

Eine Bolivar Churchill mit Tube.

Das Motiv von Bolivar auf dem inneren Kistendeckel.

COHIBA

Jahrhundertelang haben Historiker spekuliert, was *cohiba* für die kubanischen Indianer zu Kolumbus' Zeiten bedeutet hat. Einige übersetzten das Wort mit Pfeife, andere mit Tabakpflanze. Man weiß inzwischen, dass *cohiba* die Bezeichnung für ein Bündel grob zusammengerollter Tabakblätter war, also so etwas wie eine Zigarre.

Robusto.

Die Marke wurde 1966 als Havannas erste Marke nur für den diplomatischen Gebrauch gegründet. Es wird erzählt, dass Castros Bodyguard seine Zigarren bei einem lokalen *tobacquero* kaufte. Castro mochte den Geschmack so sehr, dass er dem »Macher« Eduardo Ribera in Havanna heimlich ein Haus einrichtete, damit er ausschließlich für die Regierung produzieren konnte.

Siglo II und Exquisito (von links).

Seit 1982 gab es die Marke auch in drei Formaten zu kaufen: Lancero, Corona Especiale und Panetela. 1989 wurde die Linea Clasica mit den Formaten Esplendido, Robusto und Exquisito vollendet. 1992 wurde die Linea 1492 mit fünf Formaten herausgebracht. Die Clasica schmeckt mittel bis stark, die 1492 mittel.

Die Tabake für Cohibas stammen alle von nur zehn ausgewählten Plantagen *(vegas)* in der Region Vuelta Abajo. Davon werden jedes Jahr nur die Blätter der fünf besten ausgewählt. Weil es bei den scharfen Maßstäben dieser Marke keine Kompromisse gibt, ist die Produktion naturgemäß immer beschränkt. Die Einlage der Cohiba wird einer zusätzlichen Fermentation in Zedernholztonnen unterzogen, die bis zu zwei Jahren dauern kann und dem Tabak seine Delikatesse gibt. Cohibas sind sogar im Vergleich zu anderen großen Marken Havannas herausragend.

Nur die erfahrensten Zigarrenroller dürfen für Cohiba arbeiten, und jeder von ihnen ist auf eine einzige Größe spezialisiert. Jede Herstellungsphase wird streng überwacht. Alle Zigarren werden schließlich auf Gewicht, Umfang und Form kontrolliert. Einzelne Exemplare jeden Rollers werden wöchentlich geraucht, um die hohen Standards an Geschmack, Zug und Brennverhalten garantieren zu können.

Die Farbauswahl der Zigarren für jede Kiste wird besonders sorgfältig betrieben. Man unterscheidet nicht weniger als 80 Abstufungen, wobei die hellen bis mittleren Claro-Töne überwiegen und einige eine goldene Colorado-Färbung haben. Eine Kol-

Panetela.

Jede Zigarrenkiste von Cohiba ist sorgfältig farbabgestimmt.

Name	**Länge**	**Ringmaß**
La Linea Clasica		
Lancero	19 cm/7½ in	38
Esplendido	17,8 cm/7 in	47
Coronas Especiale	15,2 cm/6 in	38
Exquisito	12,7 cm/5 in	36
Robusto	12,4 cm/4⅞ in	50
Panetela	11,4 cm/4½ in	26
La Linea 1492		
Siglo V	16,8 cm/6⅝ in	43
Siglo IV	14,3 cm/5⅝ in	46
Siglo III	15,5 cm/6⅛ in	42
Siglo II	12,7 cm/5 in	42
Siglo I	10,2 cm/4 in	40

Lancero, Esplendido, Siglo V, Siglo III, Siglo IV. (von links nach rechts).

lektion aus der Dominikanischen Republik von General Cigar unter dem gleichen Namen sollte nicht mit diesen herausragenden Havannas verwechselt werden.

CUABA

Die Habanos Corporation brachte 1996 unter dem Namen Cuaba milde bis mittlere handgemachte Zigarren heraus. Diese neue Marke orientiert sich an einem Stil, der am Ende des vorigen Jahrhunderts populär war und sich an Raucher wandte, die das Altmodische lieben. Der Name stammt wie Cohiba von den Taino-Indianern, den kubanischen Ureinwohnern, und bezeichnet einen Busch, der dort immer noch wächst und so gut brennt, dass er zum Anzünden der Cohibas bei religiösen Zeremonien genommen wurde. In einer Chronik des 16. Jahrhunderts findet er erstmals Erwähnung: *»Quemar como una Cuaba«* (wie eine Cuaba brennen). Dieser Satz ist bis heute besonders unter den Farmern sprichwörtlich.

Cuaba gibt es seit 1996, aber ihr Stil stammt aus dem vorigen Jahrhundert.

Exclusivo (rechts).
Tradicionale (rechts außen).

Name	Länge	Ringmaß
Exclusivo	14,3 cm/5⅝ in	46
Generoso	13,3 cm/5¼ in	42
Tradicionale	12 cm/4¾ in	42
Divino	10,2 cm/4 in	43

Im 19. Jahrhundert waren wohlgeformte und spitz zulaufende Zigarren, als *figuardos* bekannt, der letzte Schrei. Kleine Formate sah man oft in Opernpausen. Im 20. Jahrhundert neigte sich die Mode allmählich den geraden Zigarren oder *parejos* zu, und Ende der 30er Jahre waren *figuardos* fast verschwunden. Die Cuaba *figuardos* werden in der Fabrik von Romeo y Julieta hergestellt, die darin eine lange Tradition hat.

Generoso.

Divino.

DIPLOMATICOS

Diese Kollektion bester mittlerer bis körpervoller handgemachter Zigarren wurde in den 60er Jahren für den französischen Markt entwickelt. Es gibt sieben Formate. Das Angebot ist begrenzt, aber die Zigarren bieten etwas fürs Geld. Die von Pferden gezogene Kutsche als Motiv der Bauchbinde wird von dem dominikanischen Hersteller der Licenciados-Zigarren weitestgehend kopiert.

Name	**Länge**	**Ringmaß**
No. 1	16,5 cm/6½ in	42
No. 2	15,5 cm/6⅛ in	52
No. 3	14 cm/5½ in	42
No. 4	12,7 cm/5 in	42
No. 5	10,2 cm/4 in	40
No. 6	19 cm/7½ in	38
No. 7	15,2 cm/6 in	38

EL REY DEL MUNDO

»Der König der Welt« war 1882 für die Fabrik Antonio Allones gleich so erfolgreich, dass man sich bald in »El Rey del Mundo Cigar Company« umbenannte. Diese beliebten, handgemachten Zigarren werden in der Fabrik Romeo y Julieta hergestellt. Ihr Geschmack ist leicht bis mittel (vgl. S. 199).

Name	**Länge**	**Ringmaß**
Grande de Espana	19,2 cm/$7\frac{9}{16}$ in	38
Taino	17,8 cm/7 in	47
Elegante	17,5 cm/$6\frac{7}{8}$ in	28
Lonsdale	16,2 cm/$6\frac{3}{8}$ in	42
Gran Corona	14 cm/$5\frac{1}{2}$ in	46
Corona de Luxe	14 cm/$5\frac{1}{2}$ in	42
Choix Supreme	12,7 cm/5 in	48
Petit Corona	12,7 cm/5 in	42
Très Petit Corona	11,4 cm/$4\frac{1}{2}$ in	40
Lunch Club	10,2 cm/4 in	42
Demi-Tasse	9,8 cm/$3\frac{7}{8}$ in	30

Choix Supreme.

Lonsdale.

FLOR DE CANO

Die Firma wurde 1884 von Tomas und José Cano gegründet. Gegen den allgemeinen Trend blieben sie bis zur kubanischen Revolution klein und unabhängig. In dieser kleinen Auswahl leichter bis mittlerer handgemachter Zigarren lebt ihr Name fort.

Name	**Länge**	**Ringmaß**
Diademas	17,8 cm/7 in	47
Selectos	14,6 cm/$5\frac{3}{4}$ in	41
Gran Corona	14,3 cm/$5\frac{5}{8}$ in	46
Corona	12,7 cm/5 in	42
Predilecto Tubulare	12,7 cm/5 in	42
Short Churchill	12,4 cm/$4\frac{7}{8}$ in	50

HOYO DE MONTERREY

Sr. José Gener pflanzte in dem Dorf San Juan y Martinez in der Gegend von Vuelta Abajao Tabak, bevor er 1865 seine Marke gründete. Sie ist eine der ältesten, die immer noch existieren. Die handgemachten Zigarren sind von mittelstarkem Geschmack. Die Le Hoyo-Serie wurde 1970 wegen der Nachfrage nach voller schmeckenden Kabinettqualitäten eingeführt (vgl. S. 201 und 204).

Le Hoyo des Dieux (unten).

Double Corona, des Dieux, du Dauphin, du Roi, du Prince, Churchill (von links nach rechts).

Du Gourmet, Epicure No. 1 und 2, du Deputé, du Maire (von links nach rechts).

	Länge	Ringmaß
Double Corona	19,4 cm/$7\frac{5}{8}$ in	49
Churchill	17,8 cm/7 in	47
Jeanne D'Arc	14,3 cm/$5\frac{5}{8}$ in	35
Corona	14 cm/$5\frac{1}{2}$ in	42
Short Corona	12,7 cm/5 in	42
Margarita	12 cm/$4\frac{3}{4}$ in	26
Le Hoyo (mit Schiebedeckel)		
Le Hoyo du Gourmet	16,8 cm/$6\frac{5}{8}$ in	33
Le Hoyo des Dieux	15,2 cm/6 in	42
Le Hoyo du Dauphin	15,2 cm/6 in	38
Le Hoyo du Roi	14 cm/$5\frac{1}{2}$ in	42
Le Hoyo du Prince	12,7 cm/5 in	40
Le Hoyo du Deputé	10,8 cm/$4\frac{1}{4}$ in	38
Le Hoyo du Maire	9,8 cm/$3\frac{7}{8}$ in	30
Cabinet Selection (mit Schiebedeckel)		
Epicure No. 1	14,3 cm/$5\frac{5}{8}$ in	46
Epicure No. 2	12,4 cm/$4\frac{7}{8}$ in	50

H. UPMANN

Ursprünglich Bankier, war Herman Upmann so von den Zigarren begeistert, die er aus Kuba bekam, dass er 1844 nach Havanna zog. Er machte als Bankier weiter und begann daneben als Zigarrenfabrikant. Seine Firma wurde 1922 von Frankau & Co. übernommen. Mitte der 30er Jahre wurde diese Gesellschaft wiederum von Menendez y Garcia gekauft. Immer noch trägt jede Kiste die Unterschrift von Herman Upmann.

Sir Winston, Grand Corona, Petit Upmann (von links nach rechts).

Name	**Länge**	**Ringmaß**
Sir Winston	17,8 cm/7 in	47
Seleccion Suprema	17,8 cm/7 in	33
Upmann No. 1	16,5 cm/$6\frac{1}{2}$ in	42
Cinco Bocas	16,5 cm/$6\frac{1}{2}$ in	42
Upmann No. 2	15,5 cm/$6\frac{1}{8}$ in	52
Grand Corona	14,6 cm/$5\frac{3}{4}$ in	40
Amatista	14,6 cm/$5\frac{3}{4}$ in	40
Culebras	14,6 cm/$5\frac{3}{4}$ in	39
Super Corona	14 cm/$5\frac{1}{2}$ in	46
Corona	14 cm/$5\frac{1}{2}$ in	42
Royal Corona	14 cm/$5\frac{1}{2}$ in	42
Cristales	13,5 cm/$5\frac{5}{16}$ in	42
Kings	12,9 cm/$5\frac{1}{16}$ in	42
Petit Corona	12,7 cm/5 in	42
No. 4	12,7 cm/5 in	42
Petit Upmann	11,5 cm/$4\frac{1}{2}$ in	36
Cabinet Selection		
Magnum (mit Schiebedeckel)	14 cm/$5\frac{1}{2}$ in	46
Connoisseur No. 1 (mit Schiebedeckel)	12,7 cm/5 in	48
Zedernholztuben		
Monarch	17,8 cm/7 in	47
Corona Major	12,7 cm/5 in	42
Corona Minor	11,7 cm/$4\frac{5}{8}$ in	40
Corona Junior	11,4 cm/$4\frac{1}{2}$ in	36

LA GLORIA CUBANA

Diese handgemachten Zigarren bester Qualität mit mittlerem bis vollem Geschmack gibt es wieder seit 1970. Sie werden bei Partagas in Havanna produziert. Die begrenzte Auflage der Medaille d'Or-Zigarren ist in hübsch lackierten 8-9-8-Kisten verpackt.

Die berühmte Fabrik Partagas stellt die Marke La Gloria Cubana her.

Name	Länge	Ringmaß
Especial (Semi Boite Nature)	19 cm/7½ in	38
Especial No. 2 (Semi Boite Nature)	15,2 cm/6 in	38
Joyita (Semi Boite Nature)	11,4 cm/4½ in	26
No. 1	16,5 cm/6½ in	42
No. 2	15,5 cm/6⅛ in	52
No. 3	14 cm/5½ in	42
No. 4	12,7 cm/5 in	42
No. 5	10,2 cm/4 in	40
Zedernholztuben		
Tubo	15,2 cm/6 in	42
Petit Tubo	12,7 cm/5 in	42

MONTECRISTO

Die Marke wurde 1935 von H. Upmann begründet. Ursprünglich gab es nur fünf Formate, die durchnummeriert waren. Andere Formate wie A und Especiales kamen in den frühen 70er-Jahren hinzu. Benannt wurde die Marke nach dem Roman *Der Graf von Montecristo* von Alexandre Dumas. Die Kisten sind mit einer Fleur-de-Lis, dem Lilienwappen der französischen Könige, und gekreuzten Schwertern dekoriert. Ihr besonderer mittlerer bis voller Geschmack hat die Montecristo seit mehr als 20 Jahren zu einer der beliebtesten Havannas überhaupt gemacht, die nahezu 50 Prozent des Exports handgemachter Zigarren stellt, vornehmlich nach Spanien, Frankreich und Großbritannien (s. a. S. 157 und 159).

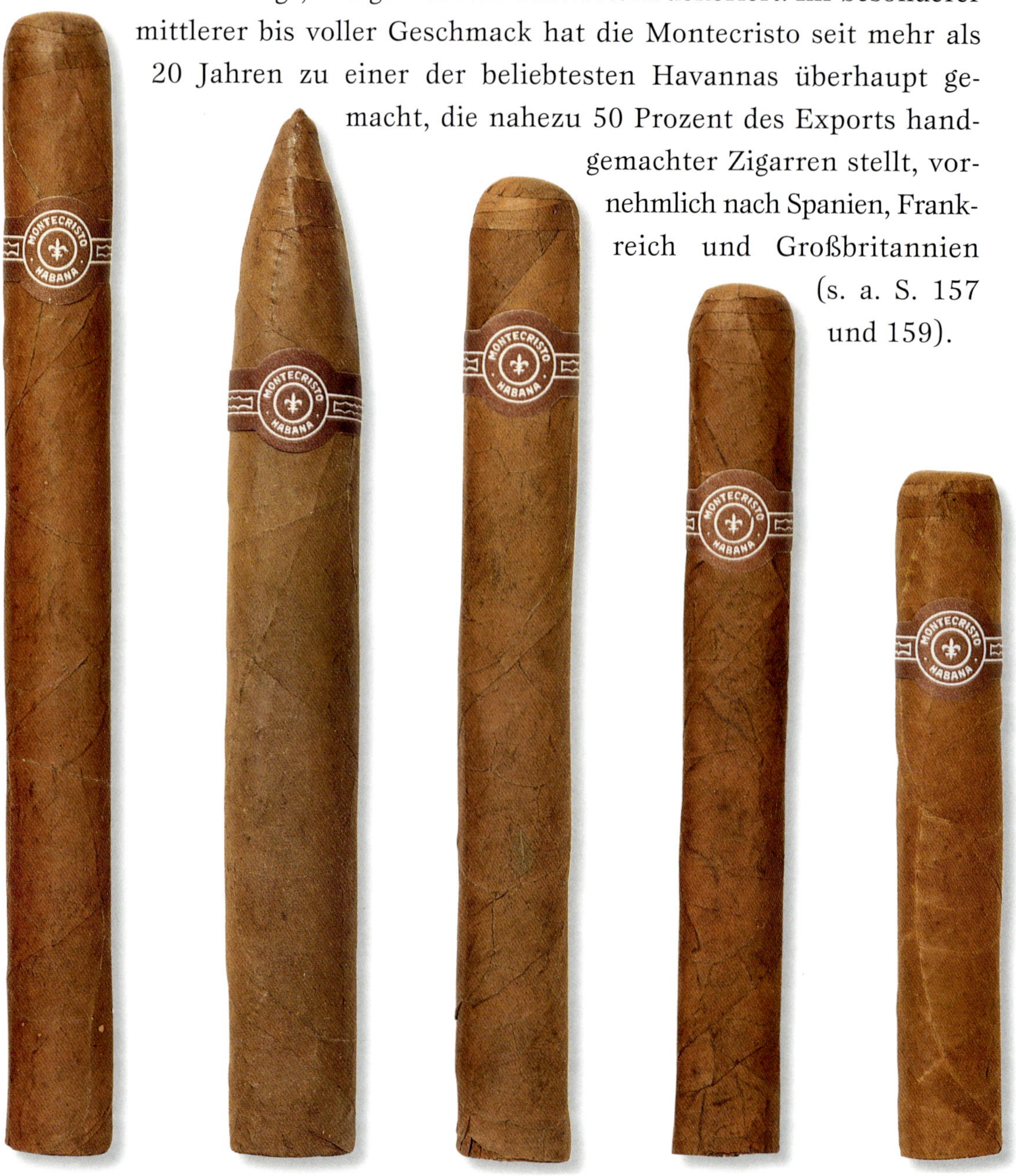

No. 1, No. 2, No. 3, No. 4, No. 5 (von links nach rechts).

Joyita, Especial No. 2, Especial, A (von links nach rechts).

Das Label ist eines der bekanntesten für kubanische Zigarren (unten).

Name	Länge	Ringmaß
A	24 cm/9½ in	47
Especial	19 cm/7½ in	38
Especial No. 2	15,2 cm/6 in	38
Tubos	15,2 cm/6 in	42
Joyita	11,4 cm/4½ in	26
No. 1	16,5 cm/6½ in	42
No. 2	15,2 cm/6 in	38
No. 3	14 cm/5½ in	42
No. 4	12,7 cm/5 in	42
No. 5	10,2 cm/4 in	42

PARTAGAS

1845 gründete Don Jaime Partagas in Havanna seine Fabrik. Die Zigarren werden immer noch in diesem Gebäude hergestellt, mit einer Unterbrechung von 1987–1990 wegen seiner Restaurierung. Diese wohl bekannte Marke mit vollem Geschmack hat ihre reiche Tabakmischung beibehalten. Das große Angebot enthält handgefertigte und maschinell hergestellte verpackte Zigarren. Es gibt auch eine Kollektion Partagas aus der Dominikanischen Republik, die man an der Jahreszahl 1845 auf der Bauchbinde erkennt (S. 168).

Lusitania, Partags 8-9-8 (lackierte Kiste), Partagas 8-9-8, Corona, Petit Corona (von links nach rechts).

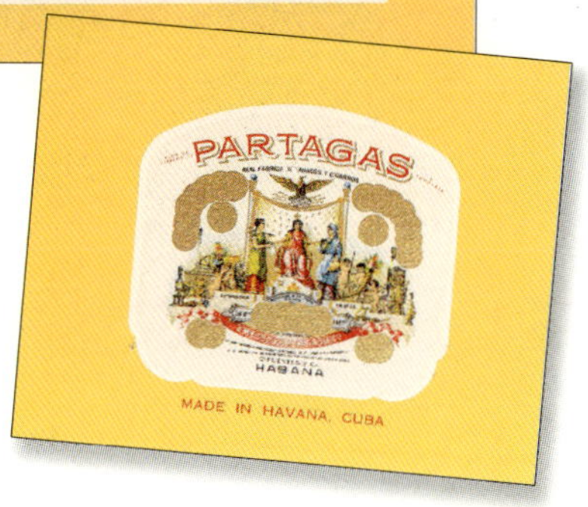

Die Vista (innerer Deckel, oben) und äußerer Deckel.

Serie D No. 4 (links).
Très Petit Corona (rechts).

Name	**Länge**	**Ringmaß**
Lusitania	19,4 cm/$7\frac{5}{8}$ in	49
Series du Connoisseur No. 1	19,2 cm/$7\frac{9}{16}$ in	36
Churchill De Luxe	17,8 cm/7 in	47
Palme Grande	17,8 cm/7 in	33
Partagas de Partagas No. 1	17 cm/$6\frac{3}{4}$ in	43
Seleccion Privada No. 1	17 cm/$6\frac{3}{4}$ in	43
Partagas 8-9-8 (lackierte Kiste)	17 cm/$6\frac{3}{4}$ in	43
Lonsdale	16,5 cm/$6\frac{1}{2}$ in	42
Presidente	15,5 cm/$6\frac{1}{8}$ in	47
Partagas 8-9-8	15,2 cm/6 in	42
Corona Grande	15,2 cm/6 in	42
Culebra	14,4 cm/$5\frac{11}{16}$ in	39
Corona	14 cm/$5\frac{1}{2}$ in	42
Charlotte	14 cm/$5\frac{1}{2}$ in	35
Petit Corona	12,7 cm/5 in	42
Serie D No. 4 (Semi Boite Nature)	12,4 cm/$4\frac{7}{8}$ in	50
Très Petit Corona	11,4 cm/$4\frac{1}{2}$ in	40
Short	10,8 cm/$4\frac{1}{4}$ in	42
Chico	10,5 cm/$4\frac{1}{8}$ in	29

POR LARRANAGA

Dies ist die älteste Havanna, seit 1834 bis heute produziert. Por Larranagas sind nicht sehr verbreitet (siehe auch S. 175). Sie haben rötliche, ölige Deckblätter, einen mittleren bis vollen Geschmack und sind von bester Qualität. Es gibt auch maschinell hergestellte. Rudyard Kipling gibt ihr in seinem Gedicht *Die Verlobten* die Ehre: »Eine Larranaga gibt Frieden, und Ruhe eine Henry Clay.«

Der alten und viel geliebten Por Larranaga wird von dem Schriftsteller Rudyard Kipling gehuldigt. Heute gibt es sie nur in sehr geringen Stückzahlen.

Name	Länge	Ringmaß
Lonsdale	16,5 cm/6½ in	42
Lancero	14,1 cm/5 9/16 in	42
Corona	14 cm/5½ in	42
Petit Corona	12,9 cm/5 1/16 in	42
Coronita	12,7 cm/5 in	38
Nectare No. 4	11,6 cm/4 9/16 in	40
Small Corona	11,5 cm/4½ in	40

PUNCH

Die Marke Punch wurde 1840 von Don Manuel Lopez von J. Valle & Co. begründet und ist damit eine der ältesten. Das Ziel war der britische Markt, als jeder das Satiremagazin *Punch* kannte. Der Zigarre rauchende Mr. Punch ziert immer noch das Markenzeichen. Es gibt eine große Auswahl bester Qualität – einige maschinell hergestellt – mit mittlerem Geschmack und vor allem recht günstig. Auch die honduranische Punch ist von bester Qualität (S. 213).

Petit Corona (links).

Double Corona (rechts).

Die Zigarrenkisten von Punch enthalten zumeist eine Vista des berühmten Mr. Punch mit seinem Hund, einem frühen britischen »Comicstar« (unten).

Name	Länge	Ringmaß
Diadema	24 cm/9½ in	47
Double Corona	19,4 cm/7⅝ in	49
Churchill	17,8 cm/7 in	47
Panetela Grande	17,8 cm/7 in	33
Super Selection No. 1	15,5 cm/6⅛ in	42
Black Prince	14,3 cm/5⅝ in	46
Punch Punch	14,3 cm/5⅝ in	46
Seleccion de Luxe No. 1	14,3 cm/5⅝ in	46
Corona	14 cm/5½ in	42
Royal Coronation	14 cm/5½ in	42
Presidente	12,7 cm/5 in	42
Petit Corona	12,7 cm/5 in	42
Margarita	12 cm/4¾ in	26
Petit Coronation	11,4 cm/4½ in	40
Coronet	11,4 cm/4½ in	34
Punchinello	11,4 cm/4½ in	34
Très Petit Corona	10,8 cm/4¼ in	42
Petit Punch	10,2 cm/4 in	40
Zedernholztuben		
Churchill	17,8 cm/7 in	47
Coronation	12,7 cm/5 in	42
Petit Coronation	11,4 cm/4½ in	40
Coronet	11,4 cm/4½ in	34

Churchill, Punch Punch, Corona (von links nach rechts).

Die Bauchbinde.

Eine andere Vista zollt dem Begründer der Marke Tribut (rechts).

QUINTERO

Augustin Quintero eröffnete 1920 in Cienfuegos nahe den Plantagen von Remedios im Herzen Kubas seine kleine Fabrik. Der Erfolg seiner Zigarren ermöglichte es ihm, 1940 mit seinem Bruder die Firma Quintero y Hermano in Havanna zu gründen. Diese leichten Zigarren mit einer recht würzigen Mischung von Vuelta Abajo-Tabaken sind ideal als Einstieg in die Welt der Havannas. Einige maschinell hergestellte Zigarren haben die gleichen Formate wie die handgemachten.

Das Design der Kisten ist eine Referenz an den Ursprung der Firma in Cienfuegos (rechts und unten).

Name	Länge	Ringmaß
Churchill	16,5 cm/6½ in	42
Corona	14 cm/5½ in	42
Nacionale	14 cm/5½ in	40
Panetela	12,7 cm/5 in	36
Londres Extra	12,7 cm/5 in	40
Purito	10,8 cm/4¼ in	29
Handgefertigte Zedernholztuben		
Tubulare	12,7 cm/5 in	36

Panetela.

RAFAEL GONZALEZ

Diese Auswahl handgemachter Zigarren bester Qualität mit einem milden Aroma gibt es seit 1928. Die Produktion hat heute die Fabrik Romeo y Julieta übernommen. Auf jeder Zigarrenkiste findet sich folgender Hinweis: »Diese Zigarren wurden aus einer besonderen Mischung reinen Vuelta Abajo-Tabaks hergestellt, welche Marquez Rafael Gonzalez, Grande von Spanien, ausgewählt hat. Die Marke besteht seit mehr als zwanzig Jahren. Um den perfekten Wohlgeruch voll zu genießen, sollte der Connoisseur die Zigarren innerhalb eines Monats nach Verschiffung oder erst nach einem Jahr weiterer Reife rauchen.«

Lonsdale, Petit Corona, Très Petit Lonsdale, Corona Extra (von l. n. r.).

Name	Länge	Ringmaß
Slenderella	17,5 cm/$6\frac{7}{8}$ in	28
Lonsdale (Vitola "B")	16,2 cm/$6\frac{3}{8}$ in	42
Corona Extra	14,3 cm/$5\frac{5}{8}$ in	46
Petit Corona	12,8 cm/$5\frac{1}{16}$ in	42
Petit Lonsdale	12,7 cm/5 in	42
Panetela Extra	12,7 cm/5 in	37
Panetela	11,7 cm/$4\frac{5}{8}$ in	34
Très Petit Lonsdale (Vitola "H")	11,4 cm/$4\frac{1}{2}$ in	40
Cigaritto	11,4 cm/$4\frac{1}{2}$ in	26
Demi-Tasse	10,2 cm/4 in	30

RAMON ALLONES

Der Spanier Ramon Allones begann 1837 mit der Produktion seiner hauptsächlich handgemachten Zigarren bester Qualität und mit vollem Körper. Ramon Allones schmückte als Erster seine Zigarrenkisten mit dem Wappen des spanischen Königshauses und erfand damit das Markenzeichen. Die zweitälteste noch existierende Marke wird seit den 20er Jahren in der Fabrik von Partagas hergestellt. Es gibt auch einige maschinell hergestellte und eine mildere Kollektion dieses Namens aus der Dominikanischen Republik (S. 177).

Das erste Zigarrenmarkendesign – das Wappen des spanischen Königshauses.

Petit Corona, Small Club Corona (von links).

Name	**Länge**	**Ringmaß**
Gigante	19,4 cm/7 5/8 in	49
Churchill 8-9-8	17 cm/6 3/4 in	43
Topper	15,2 cm/6 in	40
Corona 8-9-8	14,3 cm/5 5/8 in	42
Petit Corona	12,7 cm/5 in	42
Panetela	12,7 cm/5 in	35
Allones Specially Selected	12,4 cm/4 7/8 in	50
Ramonita	12,4 cm/4 7/8 in	26
Small Club Corona	11,1 cm/4 3/8 in	42

ROMEO Y JULIETA

1875 gründete Alvarez y Garcia die Marke, die Fernandez Rodriguez 1903 kaufte. Rodriguez reiste viel und ließ seinen Werbeträger, das Rennpferd Julieta, auf europäischen Bahnen laufen. Er spezialisierte sich auf zeitweise Tausende verschiedener persönlicher Bauchbinden für die Prominenz. Und das Markenzeichen zeigt den berühmten Balkon aus Shakespeares *Romeo und Julia*. Die Auswahl handgemachter und maschinell hergestellter Formate von mittlerer Geschmacksrichtung bester Qualität ist riesengroß. Es gibt auch dominikanische Romeo y Julietas bester Qualität (S. 178).

Name	Länge	Ringmaß
Fabuloso	24 cm/9½ in	47
Clemenceau	17,8 cm/7 in	47
Prince of Wales	17,8 cm/7 in	47
Shakespeare	17,5 cm/6⅞ in	28
Cedro de Luxe No. 1	16,5 cm/6½ in	42
Cazadore	16,2 cm/6⅜ in	44
Corona Grande	15,2 cm/6 in	42
Belicoso	14 cm/5½ in	52
Exhibicion No. 3	14 cm/5½ in	46
Cedro de Luxe No. 2	14 cm/5½ in	42
Corona	14 cm/5½ in	42
Petit Corona	12,7 cm/5 in	42
Romeo No. 2 de Luxe	12,9 cm/5 1/16 in	42
Exhibicion No. 4	12,7 cm/5 in	48
Cedro de Luxe No. 3	12,7 cm/5 in	42
Panetela	11,7 cm/4⅝ in	34
Très Petit Corona	11,4 cm/4½ in	40
Petit Prince	10,2 cm/4 in	40
Petit Julieta	10,2 cm/4 in	30
Zedernholztuben		
Churchill	17,8 cm/7 in	47
No. 1	14 cm/5½ in	42
No. 2	12,7 cm/5 in	42
No. 3	11,5 cm/4½ in	40

Die besondere rot-goldene Bauchbinde von Sir Winston Churchills Lieblingszigarre.

Prince of Wales, Corona, Cedro de Luxe No. 3, Cedro de Luxe No. 2, Churchill (von links nach rechts).

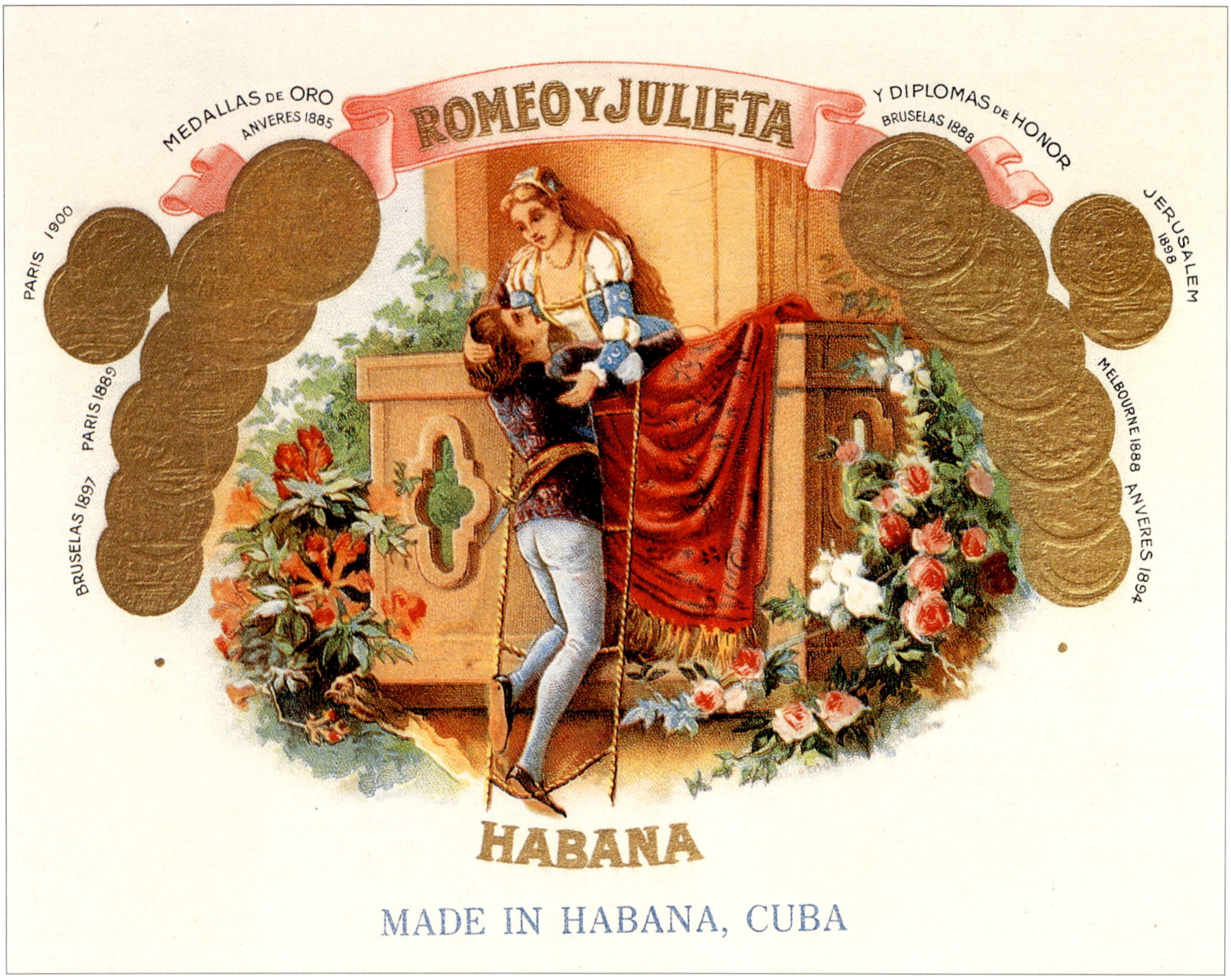

Die Balkonszene aus Romeo und Julia. *Die Legende besagt, dass der Begründer als Markennamen den Titel seines Lieblingsstückes gewählt hat.*

Petit Prince, Petit Corona, Exhibicion No. 4 (von oben nach unten).

SAINT LUIS REY

Diese handgemachten Zigarren mit vollem Aroma gehören zu den besten Havannas. Es gibt sie seit 1940. Benannt wurde die Marke nach dem später verfilmten Roman *Die Brücke von San Luis Rey* von Thornton Wilder. Die Produktion findet bei Romeo y Julieta in Havanna statt. Die Stückzahl ist begrenzt, aber dennoch sehr preisgünstig. Die Verpackung besteht aus sehr schönen weißen Kisten. Man sollte sie nicht mit den maschinell hergestellten Zigarren des gleichen Namens aus Deutschland verwechseln.

Serie A, Petit Corona (von oben nach unten).

Name	**Länge**	**Ringmaß**
Double Corona	19,4 cm/$7\frac{5}{8}$ in	49
Churchill	17,8 cm/7 in	47
Lonsdale	16,5 cm/$6\frac{1}{2}$ in	42
Serie A	14,3 cm/$5\frac{5}{8}$ in	46
Corona	14,3 cm/$5\frac{5}{8}$ in	42
Petit Corona	12,8 cm/$5\frac{1}{16}$ in	42
Regios	12,7 cm/5 in	48

SANCHO PANZA

Diese kleine Kollektion bester handgemachter Zigarren mit mildem Aroma gibt es nun auch außerhalb Spaniens. Bei manchen Aficionados ist sie als Tageszigarre beliebt.

Non Plus.

Die Vista zeigt Sancho Panza – man beachte die Heldentat zur Linken und den Esel zur Rechten –, den Gefährten Don Quijotes aus dem gleichnamigen Roman von Cervantes.

Name	Länge	Ringmaß
Sancho	23,5 cm/9¼ in	47
Corona Gigante	17,8 cm/7 in	47
Molino	16,5 cm/6½ in	42
Dorado	16,5 cm/6½ in	42
Panetela Largo	16,5 cm/6½ in	28
Corona	14,3 cm/5⅝ in	42
Belicoso	14 cm/5½ in	52
Non Plus	12,7 cm/5 in	42
Bachillere	11,6 cm/4 9/16 in	40

TRINIDAD

Die seltenste Marke der Welt gibt es in nur einem Format. Lange ließ Fidel Castro sie nur als persönliches Geschenk für Staatsoberhäupter herstellen. Sie hat eine herausragende Qualität mit mittlerem bis vollem Aroma und wird bei El Laguito gerollt. In Deutschland ist die Trinidad Normalsterblichen erst seit Mitte 1999 zugänglich.

Name	Länge	Ringmaß
Trinidad	19 cm/7½ in	38

Trinidad.

VEGAS ROBAINA

1997 erst brachte Habanos S.A. diese handgemachte Marke heraus. Zunächst gab es sie nur in Spanien, bald wird sie überall erhältlich sein. Benannt wurde sie nach einer berühmten Tabakpflanzer-Familie, deren Tradition bis in die Mitte des vorigen Jahrhunderts zurückreicht. Produziert wird sie bei H. Upmann. Die Einlage stammt aus San Luis in der Region Vuelta Abajo und das Deckblatt von der berühmten Plantage Vega Alejandro.

Name	Länge	Ringmaß
Don Alejandro	19,3 cm/7⅝ in	49
Clasico	16,5 cm/6½ in	42
Unico	15,5 cm/6⅛ in	52
Familiar	14 cm/5½ in	42
Famoso	12,7 cm/5 in	48

DOMINIKANISCHE REPUBLIK

Die Dominikanische Republik erstreckt sich über zwei Drittel der westindischen Insel Hispaniola. Ihr Nachbarstaat ist auf dem übrigen Drittel der Insel Haiti. Seit der Entdeckung durch Kolumbus 1492 hat sich hier eine spanisch-französisch-haitianische Kultur entwickelt.

1622 legte Thomas Warner für englische Gesellschaften im Norden der Insel Tabakplantagen an. Während des 18. Jahrhunderts florierte die Tabakindustrie mit Santiago de los Caballeros als Zentrum. Spanien hatte den Ankauf der Produkte seiner amerikanischen Kolonien zum Staatsmonopol gemacht. Hispaniola war allerdings nicht vollständig unter spanischer Kontrolle, weil die Franzosen einen kleineren Teil besetzt hatten und die Nordwestküste eine Hochburg von Piraten und Schmugglern darstellte. Die Plantagenbesitzer aus der Region

Tabakfelder bei Santiago de los Caballeros.

Junger Tabak eine Woche nach dem Auspflanzen.

Cibao verkauften ihren Tabak lieber zu Marktpreisen an die Franzosen und die Schmuggler und nicht einmal ein Minimum an die Spanier, wofür diese Ankaufsgarantien gegeben hatten. Offizielle Ausfuhr in andere Länder war verboten, weshalb der so verkaufte dominikanische Tabak als Tabak anderer Herkunft deklariert wurde.

Die Republik hatte eine wechselvolle Geschichte. Die Spanier verloren die Kolonie an Frankreich. Sie wurde ein Teil Haitis, und es gab später Befreiungskämpfe gegen die Haitianer.

In dieser Zeit war die heutige Republik

schon vor der offiziellen Unabhängigkeitserklärung 1844 etwa 50 Jahre lang auf sich selbst gestellt, als die haitianische Invasion erneut begann.

Arturo Fuente stellt die unglaublich seltene Fuente Fuente Opus X® im Lande her.

Die USA besetzten das Land von 1914–1924 und noch einmal 1965. Es hat viele Diktatoren gesehen, darunter von 1930–1961 Trujillo, der die Tabakwirtschaft verstaatlichte.

Bis zu dessen Ermordung lag die Wirtschaft völlig danieder. 1962 begann das neu gegründete Instituto del Tabaco, die Tabakindustrie wieder auf eine professionelle Grundlage zu stellen. Die besten eigenen Gewächse wurden selektiert und neue Sorten eingeführt, darunter Piloto Cubano. Gleichzeitig wurden der Anbau und die Verarbeitung verbessert und die Produktion stabilisiert.

Im 18. und 19. Jahrhundert wanderten viele Dominikaner nach Kuba aus. Sie nahmen ihre Werkzeuge und ihre Tabaksamen mit. Nach der kubanischen Revolution 1959 wiederum verließen viele Tabakpflanzer und Zigarrenmacher ihr Land und führten so ihre Tabaksorten in andere Länder ein.

Kein anderes Land außer der Dominikanischen Republik kann Tabak aus kubanischem Saatgut in kubanischer Qualität produzieren. Der kubanische Tabak ist teilweise das Resultat einer unkontrollierten Vermischung mit dominikanischem über die letzten zwei Jahrhunderte. Als dieser Tabak nach 1959 in die Dominikanische Republik zurückkehrte, erwies er sich als hervorragend angepasst. Die Qualität ist so gut, dass Samen in andere Produktionsländer von Premium-Zigarren wie Honduras, Jamaika, Mexiko, Nicaragua, die USA und sogar nach Kuba exportiert wird.

Die Dominikanische Republik ist heute der größte Produzent von handgemachten Premium-Zigarren. Ende der 90er Jahre wurden allein in die USA rund 140 Millionen Stück ausgeführt, was etwa die Hälfte des amerikanischen Imports ausmacht. Insgesamt dürfte der Export dominikanischer Premium-Zigarren 1996 etwa 250 Millionen Stück betragen haben.

Natürlich hat das US-Handelsembargo gegen Kuba der Republik sehr geholfen. Zunächst stieg die Nachfrage nach Tabakblättern. Als jedoch die Produktionskosten

Das Instituto del Tabaco hat große Verdienste bei der Verbesserung der Anbaumethoden und der Sicherung gleichbleibender Qualität.

Zigarrenherstellung in der Fabrik von Rothmans. Die Dominikanische Republik ist der weltgrößte Produzent handgemachter Zigarren.

für maschinell hergestellte Zigarren in den USA höher wurden als die für handgemachte in der Dominikanischen Republik, boten immer mehr dominikanische Hersteller ihre Marken auf dem Weltmarkt an.

Einige dominikanische Marken tragen die gleichen Namen wie berühmte kubanische. Zu den erstklassigen Marken gehören Arturo Fuente, Avo, Casa Blanca, Davidoff, Dunhill, Valdrych, Santa Damiana und Paul Garmirian. Dominikanische Zigarren haben einen milden, süßen Geschmack. Sie sind in den USA die beliebtesten Zigarren.

Bis vor kurzem wuchs nur Tabak für die Einlage auf der Insel. Die Um- und Deckblätter wurden aus Kamerun, Honduras, Brasilien, Mexiko, Ecuador und den USA importiert. In letzter Zeit werden hier auch Deckblatt-Tabake gezogen, besonders auf der Plantage der Familie Fuente.

ARTURO FUENTE

Die Familie Fuente stammt ursprünglich aus Kuba. Arturo gründete in Tampa, Florida, eine Fabrik. 1980 begann sein Sohn Carlos mit sieben Beschäftigten eine Produktion in der Dominikanischen Republik. Inzwischen haben sie sechs Fabriken mit 1800 Beschäftigten in Santiago. Als größte Hersteller des Landes produzieren sie mehr als 24 Millionen Zigarren im Jahr.

No. 4 (links) und Chico.

Name	**Länge**	**Ringmaß**
Canone	21,6 cm/8½ in	52
Royal Salute	19 cm/7½ in	52
Churchill	19 cm/7½ in	48
Panetela Fina	17,8 cm/7 in	38
Double Corona	17 cm/6¾ in	48
Privada No. 1	17 cm/6¾ in	46
Corona Imperial	16,5 cm/6½ in	46
Lonsdale	16,5 cm/6½ in	42
Flor Fina	15,2 cm/6 in	46
Cuban Corona	13,3 cm/5¼ in	44
Petit Corona	12,7 cm/5 in	38
Epicure	11,5 cm/4½ in	50
Chico	10 cm/4 in	32
Reserva Superior Limitada		
No. 3	13,7 cm/5½ in	40
No. 4	12,7 cm/5 in	38
Don Carlos	12,7 cm/5 in	50
Serie Opus X®		
Reserva A	23,5 cm/9¼ in	47
Double Corona	19,3 cm/7⅝ in	49
Reserva No. 1	16,8 cm/6⅝ in	44
Reserva No. 2	16 cm/6¼ in	52
Petit Lancero	16 cm/6¼ in	38
Fuente Fuente	14,3 cm/5⅝ in	46
Robusto	13,3 cm/5¼ in	50

Man verwendet eine Mischung aus vier verschiedenen Tabaken für die Einlage und hat außerdem die Produktion von Deckblättern in der Dominikanischen Republik vorangetrieben. Sie werden für die Kollektion Fuente Opus X® benutzt, die es seit 1995 gibt. Die Produktion ist sehr limitiert, obwohl man die Plantage neben dem Château de la Fuente in El Caribe vergrößert hat und hofft, die Produktion verdoppeln zu können. Außerdem gibt es eine Standardauswahl und die Serie Hemingway mit großen Figuardos. Für die Deckblätter nimmt man hauptsächlich den seltenen Kamerun-Colorado und für einige Connecticut Shade. Die Zigarren sind gut gemacht und haben ein leichtes bis mittleres Aroma.

Double Corona, Panetela Fina, Petit Corona, Reserva Superior Limitada No. 4, Epicure (von links nach rechts).

ASHTON

Der englische Pfeifenmacher und Zigarrenhersteller William Ashton Taylor gab diesen ausgewählten handgemachten Zigarren seinen Namen. Sie werden jetzt von einer amerikanischen Gesellschaft produziert. Die Deckblätter stammen alle aus Connecticut, die Umblätter aus im Lande gezogenem kubanischem Samen. Es gibt drei sehr unterschiedliche Stilrichtungen: Ashton, Ashton Aged Cabinet Selection – die mildeste – und Ashton Aged Maduro mit dezentem Rauch und süßem Geschmack.

Magnum, Corona, Panetela, 8-9-8 (von links nach rechts).

Name	**Länge**	**Ringmaß**
Ashton		
Churchill	19 cm/7½ in	52
Prime Minister	17,5 cm/6⅞ in	48
8-9-8	16,5 cm/6½ in	44
Elegante	16,5 cm/6½ in	35
Double »R«	15,2 cm/6 in	50
Panetela	15,2 cm/6 in	36
Corona	14 cm/5½ in	44
Cordial	12,7 cm/5 in	30
Magnum	12,7 cm/5 in	50
Ashton Aged Cabinet Selection		
Cabinet No. 1	23 cm/9 in	52
Cabinet No. 7	16 cm/6¼ in	52
Cabinet No. 10	19 cm/7½ in	52
Cabinet No. 8	17,8 cm/7 in	50
Cabinet No. 2	17,8 cm/7 in	46
Cabinet No. 3	15,2 cm/6 in	46
Cabinet No. 6	14 cm/5½ in	50
Ashton Aged Maduro		
No. 60	19 cm/7½ in	52
No. 50	17,8 cm/7 in	48
No. 30	17 cm/6¾ in	44
No. 40	15,2 cm/6 in	50
No. 20	14 cm/5½ in	44
No. 10	12,7 cm/5 in	50

AVO

Diese hervorragende Marke handgemachter Zigarren wurde 1986 von dem amerikanischen Musiker Avo Uvezian geschaffen, der den Hit »Strangers in the Night« geschrieben hat. Die Einlage und das Umblatt sind aus kubanischen, in der Dominikanischen Republik gewachsenen Tabaken, das Deckblatt aus Connecticut. Die teurere XO-Serie bekommt eine längere Reifezeit als die Standardkollektion.

No. 2, No. 3, No. 4, No. 6, No. 8 (von links nach rechts).

Name	Länge	Ringmaß
No. 3	19 cm/7½ in	52
Pyramid	17,8 cm/7 in	54
No. 4	17,8 cm/7 in	38
No. 5	17 cm/6¾ in	46
No. 1	17 cm/6¾ in	42
No. 6	16,5 cm/6½ in	36
No. 2	15,2 cm/6 in	50
Belicoso	15,2 cm/6 in	50
No. 7	15,2 cm/6 in	44
No. 8	14 cm/5½ in	40
No. 9	12 cm/4¾ in	48
Petit Belicoso	11,5 cm/4½ in	50
XO-Serie		
Maestoso	17,8 cm/7 in	48
Preludo	15,2 cm/6 in	40
Intermezzo	14 cm/5½in	50

No. 9.

Belicoso und Kiste.

BAUZA

Ursprünglich wurde diese Marke im Kuba vor Castro hergestellt. Die handgemachten Zigarren von bester Qualität haben einen mittleren Körper und ein reiches Aroma. Die Deckblätter sind Kamerun-Colorado, die Umblätter aus Mexiko und aus Nicaragua und die Einlage aus der Dominikanischen Republik. Das Preis-/Leistungsverhältnis ist angemessen.

Außer der Presidente werden alle anderen Bauzas in Holzkisten verkauft.

Casa Grande, Jaguar, Robusto (von links nach rechts).

Name	Länge	Ringmaß
Presidente	19 cm/7½ in	50
Medalla D'Oro No. 1	17,5 cm/6⅞ in	44
Florete	17,5 cm/6⅞ in	35
Casa Grande	17 cm/6¾ in	48
Jaguar	16,5 cm/6½ in	42
Robusto	14 cm/5½ in	50
Greco	14 cm/5½ in	42
Petit Corona	12,7 cm/5 in	38

BUTERA ROYAL

Der Pfeifenschnitzer Mike Butera etablierte seine Marke 1993. Das einzigartige Aroma entsteht durch Java-Umblätter, die der Zigarre einen leicht würzigen Geschmack geben. Das Deckblatt stammt aus Connecticut, die Einlage aus dominikanisch gewachsenem, kubanischem Saatgut. Alle Zigarren reifen in ihren Zedernholzkisten weiter.

Capo Grande, Mira Bella, Cedro Fino, Bravo Corto (von oben nach unten).

Name	**Länge**	**Ringmaß**
Capo Grande	19 cm/7 1/2 in	48
Mira Bella	17 cm/6 3/4 in	38
Cedro Fino	16,5 cm/6 1/2 in	44
Dorado 652	15,2 cm/6 in	62
Cornetta No. 1	15,2 cm/6 in	52
Fumo Dulce	14 cm/5 1/2 in	44
Bravo Corto	11,5 cm/4 1/2 in	50

CACIQUE

Hersteller dieser Marke ist die Tropical Tobacco Inc. Für die Einlage nimmt man Ligero- und Secosamen aus Kuba, ebenso stammt das Saatgut für das Umblatt aus Kuba und wächst auf dominikanischen Plantagen. Das Deckblatt ist aus Connecticut Shade. Diese Mischung verleiht den Zigarren vollen Tabakgeschmack milder bis mittlerer Stärke. Einige Formate haben ein Maduro-Deckblatt.

Name	Länge	Ringmaß
Inca (No. 8)	19 cm/$7\frac{1}{2}$ in	50
Caribe (No. 7)	17,5 cm/$6\frac{7}{8}$ in	46
Siboneye (No. 1)	17 cm/$6\frac{3}{4}$ in	43
Jaragua (No. 3)	17 cm/$6\frac{3}{4}$ in	36
Apache	15,2 cm/6 in	50
Taino (No. 2)	15,2 cm/6 in	42
Azteca	12 cm/$4\frac{3}{4}$ in	50

Caribe (No. 7), Apache, Azteca, Siboneye (No. 1) (von links nach rechts).

Einige Formate gibt es sowohl mit Maduro- als auch Connecticut-Deckblatt.

CANARIA D'ORO

Diese Marke wird für die General Cigar Company in Santiago hergestellt. Die Produktion ist begrenzt. Die Deckblätter stammen von den Vulkanböden des San Andrés-Tales in Zentralmexiko. Die Einlage ist eine Mischung aus dominikanischen und mexikanischen Sumatratabaken. Der Geschmack der Zigarren reicht von leicht über mittel bis zu vollem Körper.

Name	Länge	Ringmaß
Supremo	17,8 cm/7 in	45
Lonsdale	16,5 cm/$6\frac{1}{2}$ in	42
Fino	15,2 cm/6 in	31
Immenso	14 cm/$5\frac{1}{2}$ in	49
Corona	14 cm/$5\frac{1}{2}$ in	43
Rothschild	11,5 cm/$4\frac{1}{2}$ in	50
Baby	10,5 cm/$4\frac{1}{8}$ in	32

Rothschild Maduro (links).

Eine Kiste mit 50 Rothschild Maduros und Garantiesiegel.

Das besondere Markenzeichen »Canaria D'Oro« ziert den Kistendeckel.

Lonsdale, Baby, Corona, Immenso, Fino, Supremo (von links nach rechts).

CASA BLANCA

Die handgemachten Casa Blancas wurden für US-Präsidenten entworfen (»Casa Blanca« = Weißes Haus). Die Marke ist sehr mild und von guter Qualität. Die Deckblätter – man kann bei jedem Format zwischen Claro und Maduro wählen – stammen aus Connecticut, die Umblätter aus Mexiko, die Einlage ist dominikanisch und brasilianisch.

Eine Kiste der wegen ihrer Größe berühmten Casa Blanca-Zigarren.

Name	Länge	Ringmaß
Jereboam	25,4 cm/10 in	66
Presidente	19 cm/7½ in	50
Magnum	17,8 cm/7 in	60
Lonsdale	16,5 cm/6½ in	42
De Luxe	15,2 cm/6 in	50
Panetela	15,2 cm/6 in	35
Corona	14 cm/5½ in	42
Half Jereboam	12,7 cm/5 in	66
Bonita	10,2 cm/4 in	36

De Luxe, De Luxe Maduro, Magnum, Magnum Maduro, Presidente, Presidente Maduro (von links nach rechts).

CHAIRMAN'S RESERVE

Die kleine Kollektion wird in der Fabrik Tabacalera de Garcia in La Romana für die Consolidated Cigar Company hergestellt.

Name	**Länge**	**Ringmaß**
Chairman's Reserve	19 cm/7½ in	38
Churchill	15,2 cm/6 in	48
Double Corona	17,8 cm/7 in	50
Robusto	12,7 cm/5 in	50
Torpedo	15,2 cm/6 in	50

Viele dieser Premium-Zigarren werden in Einzelkisten aus Zedernholz verkauft (links). Robusto, Torpedo, Chairman's Reserve (von links nach rechts).

COHIBA

Die General Cigar Company entwickelte diese Marke 1980, um von der Reputation der legendären kubanischen Cohiba (S. 88) zu profitieren. Die Einlage besteht aus ausreichend alten Tabaken aus der Dominikanischen Republik, das Umblatt aus Jember- und das Deckblatt aus Connecticut-Tabak. Der Geschmack ist voll, und die Zigarren reifen noch in ihren Zedernholzkisten.

Die dominikanischen Cohibas, benannt wie die berühmte Havanna, werden aus einer Mischung von Tabaken gemacht, die in der Dominikanischen Republik gezogen werden.

Name	Länge	Ringmaß
Robusto	12,7 cm/5 in	49
Churchill	17,8 cm/7 in	49
Corona Especiale	16,5 cm/6½ in	42
Lonsdale Grande	15,9 cm/6¼ in	47
Robusto Fino	12 cm/4¾ in	47
Corona	13 cm/5⅛ in	42
Corona Minor	10,2 cm/4 in	42
Crystal Corona	14 cm/5½ in	42
Triangulo	15,2 cm/6 in	54

Robusto, Corona, Corona Especiale, Lonsdale Grande, Churchill (von links nach rechts).

Corona Minor (links).

CUESTA-REY

Cuesta-Rey produziert in der Dominikanischen Republik drei Serien handgemachter Zigarren mit Spitzenqualität: Cabinet-Kollektion, Centennial-Kollektion und No. 95. Ursprünglich wurde die Gesellschaft 1884 von Angel La Madrid Cuesta in Tampa, Florida gegründet. Man importierte den Tabak aus Kuba. Die Centennial-Kollektion zum hundertsten Geburtstag der Firma wird aus leichten Connecticut-Deckblättern und dominikanischen Umblättern gemacht, die Cabinet-Kollektion hat die breitblättrigen Connecticut-, No. 95 dagegen Colorado Kamerun-Deckblätter.

Das Label zeigt die zahlreichen Preise für Cuesta-Rey (oben).

Aristocrat, Captiva und Tube, Dominican No. 4, Centennial Collection No. 3 (von links nach rechts).

Eine Kiste Cuesta-Rey Dominican No. 3 (unten).

Name	Länge	Ringmaß
Cabinet-Kollektion		
No. 1	21,6 cm/$8\frac{1}{2}$ in	52
No. 2	17,8 cm/7 in	36
No. 95	15,9 cm/$6\frac{1}{4}$ in	42
No. 898	17,8 cm/7 in	49
No. 1884	16,5 cm/$6\frac{1}{2}$ in	44
Centennial-Kollektion		
Individual	21,6 cm/$8\frac{1}{2}$ in	52
Dominican No. 1	21,6 cm/$8\frac{1}{2}$ in	52
Dominican No. 2	18,4 cm/$7\frac{1}{4}$ in	48
Dominican No. 3	17,8 cm/7 in	36
Dominican No. 4	16,5 cm/$6\frac{1}{2}$ in	42
Dominican No. 5	14 cm/$5\frac{1}{2}$ in	43
Dominican No. 7	11,4 cm/$4\frac{1}{2}$ in	50
Aristocrat	18,4 cm/$7\frac{1}{4}$ in	48
Captiva	15,7 cm/$6\frac{3}{16}$ in	42
Cameo	10,8 cm/$4\frac{1}{4}$ in	32

No. 5, No. 7 Maduro, No. 7, Cameo, No. 1, No. 1 Maduro (von links nach rechts).

DAVIDOFF

Zino Davidoff wurde in Russland geboren, wo sein Vater einen Tabakladen hatte. 1911 emigrierte die Familie in die Schweiz und eröffnete in Genf wieder ein Tabakgeschäft. Nach Reisen durch Süd- und Mittelamerika in den 20er Jahren blieb Zino auf Kuba. Er hatte zu dem Land eine innige Beziehung, die bis 1990 hielt. Nach dem Zweiten Weltkrieg

Thousand-Serie: 5000, 4000, 3000, 2000, 1000 (von links nach rechts).

Name	Länge	Ringmaß
Ambassadrice	11,5 cm/4½ in	26
Anniversario-Serie		
No. 1	22,1 cm/8¹¹⁄₁₆ in	48
No. 2	17,8 cm/7 in	48
Grand-Serie		
Grand Cru No. 1	15,5 cm/6⅛ in	42
Grand Cru No. 2	14,3 cm/5⅝ in	42
Grand Cru No. 3	12,7 cm/5 in	42
Grand Cru No. 4	11,7 cm/4⅝ in	40
Grand Cru No. 5	10,2 cm/4 in	40
Special-Serie		
Double R	19 cm/7½ in	50
Special R	12,7 cm/5 in	50
Special T	15,2 cm/6 in	52
Thousand-Serie		
1000	11,7 cm/4⅝ in	34
2000	12,7 cm/5 in	42
3000	17,8 cm/7 in	33
4000	15,5 cm/6⅛ in	42
5000	14,3 cm/5⅝ in	46
Tubos	15,2 cm/6 in	38

Eine Davidoff mit Tube.

schuf er seine Château Selection, die auf der kubanischen Marke Hoyo de Monterrey (S. 94) basierte.

In den frühen 70er Jahren ging Davidoff eine Partnerschaft mit Ernst Schneider, einem der größten Schweizer Zigarrenimporteure, und Cubatobaco ein. Gemeinsam vermarkteten sie drei Serien von Havannas in der ganzen Welt. 1990 wurde die Produktion dann wegen eines Streites zwischen Schneider und Cubatobaco in die Dominikanische Republik verlegt. Jetzt werden die Zigarren mit Claro Connecticut-Deckblättern gemacht. Sie gehören zu den besten Zigarren dieses Landes, unterscheiden sich mit ihrem leichteren Aroma aber von den früheren kubanischen Serien.

Grand-Serie: Grand Cru No. 1, Grand Cru No. 2, Grand Cru No. 3, Grand Cru No. 4, Grand Cru No. 5 (von links nach rechts).

Davidoff-Zigarren gehören zu den besten aus der Dominikanischen Republik (links und rechts).

Special T, Special R, Ambassadrice, Anniversario No. 2, Anniversario No. 1 (von links nach rechts).

Davidoff-Accessoires bieten eine große Auswahl von Zigarrenschneidern.

DON DIEGO

Diese ausgezeichnete Kollektion handgemachter Zigarren wurde früher auf den Kanarischen Inseln und wird heute in der Fabrik Tabacalera de Garcia in der Dominikanischen Republik für die Consolidated Cigar Corporation produziert. Sie haben Connecticut- oder Kamerun-Deckblätter. Bestimmte Formate gibt es als Selektion für den amerikanischen (AMS) oder den englischen Markt (EMS). Sie sind wegen ihres milden Geschmacks bei Aficionados und Anfängern gleichermaßen beliebt.

Name	Länge	Ringmaß
Corona Brava	16,5 cm/$6\frac{1}{2}$ in	48
Corona EMS/AMS	14,3 cm/$5\frac{5}{8}$ in	42
Grande	15,2 cm/6 in	50
Grecos EMS	16,5 cm/$6\frac{1}{2}$ in	38
Lonsdale EMS/AMS	16,8 cm/$6\frac{5}{8}$ in	42
Petit Corona EMS/AMS	13 cm/$5\frac{1}{8}$ in	42
Zigarren in Tuben		
Corona Major Tube EMS	12,8 cm/$5\frac{1}{16}$ in	42
Monarch Tube EMS	18,4 cm/$7\frac{1}{4}$ in	46
Royal Palm Tube EMS	15,5 cm/$6\frac{1}{8}$ in	36
Kleine Zigarren		
Babies	12,8 cm/$5\frac{1}{16}$ in	33
Prelude EMS	10,2 cm/4 in	28

Lonsdale, Grande, Royal Palm (links). Corona (rechts).

DON JUAN PLATINUM

Diese handgemachten Spezialitäten der Tropical Tobacco Inc. mit mittlerem bis vollem Körper haben einen cremigen und weichen Charakter, ein Connecticut Shade-Deckblatt, ein dominikanisches Umblatt sowie eine nicaraguanische und dominikanische Einlage.

Name	**Länge**	**Ringmaß**
Presidente	21,6 cm/8½ in	50
Churchill	17,8 cm/7 in	49
Numero Uno	16,8 cm/6⅝ in	44
Torpedo	15,2 cm/6 in	52/30
Matador	15,2 cm/6 in	50
Cetro	15,2 cm/6 in	43
Linda	14 cm/5½ in	38
Robusto	12,7 cm/5 in	50

Matador, Robusto, Churchill (von links).

DUNHILL

Dunhills Angebot handgemachter Spitzenzigarren wird seit 1989 in der Dominikanischen Republik produziert. Für die Aged-Serie werden drei Sorten Blätter verwandt: dominikanischer Piloto, Olor und Brasil. Das Deckblatt ist Connecticut Shade. Diese Zigarren mit ihrer blau-weißen Bauchbinde enthalten jeweils Tabake aus nur einem Jahr und reifen drei Monate in Zedernholzräumen. Dadurch erhalten Aroma und Geschmack eine feine Balance. Eine kleinere Dunhill-Kollektion mit schwarz-weißen Bauchbinden wird auf den Kanarischen Inseln hergestellt (S. 83 und S. 159).

Tabaras und Tube, Caleta, Bavaro, Romana (von links nach rechts).

Name	Länge	Ringmaß
Dunhill Aged-Serie		
Peravia	17,8 cm/7 in	50
Cabreras	17,8 cm/7 in	48
Fantino	17,8 cm/7 in	28
Diamante	16,8 cm/6⅝ in	42
Samana	16,5 cm/6½ in	38
Centena	15,2 cm/6 in	50
Condado	15,2 cm/6 in	48
Panetela	15,2 cm/6 in	30
Tabaras	14,1 cm/5 9/16 in	42
Valverde	14 cm/5½ in	42
Altamiras	12,7 cm/5 in	48
Romana	11,4 cm/4½ in	50
Bavaro	11,4 cm/4½ in	28
Caleta	10,2 cm/4 in	42

Altamiras und Tube, Valverde, Cabreras und Tube (von links nach rechts).

Peravia, Fantino, Diamante, Samana, Condado, Panetela, Senorita (von links nach rechts).

FONSECA

Seit 1965 gibt es diese Marke in der Dominikanischen Republik und immer noch mit einem kleinen Angebot auf Kuba. Diese handgemachten dominikanischen Spitzenzigarren verwenden Connecticut-Deckblätter, mexikanische Umblätter und eine dominikanische Einlage. Sie sind gut gemacht und haben einen leichten bis mittleren Geschmack.

Das einfache und doch besondere Label findet sich auf jeder Zigarrenkiste.

5-50, 7-9-9, 10-10, Triangular (von links nach rechts).

Name	Länge	Ringmaß
10-10	17,8 cm/7 in	50
7-9-9	16,5 cm/6½ in	46
8-9-9	15,2 cm/6 in	43
Triangular	14 cm/5½ in	56
5-50	12,7 cm/5 in	50
2-2	10,8 cm/4¼ in	40

THE GRIFFIN'S

Diese kleine Marke mit handgemachten Spitzenqualitäten wird seit einigen Jahren in der Dominikanischen Republik hergestellt und jetzt nur von Davidoff vertrieben. Das Deckblatt ist aus Connecticut, alles andere aus dem Inland.

Name	Länge	Ringmaß
Prestige	19 cm/7½ in	50
Privilege	12,7 cm/5 in	32
No. 100	17,8 cm/7 in	38
No. 200	17,8 cm/7 in	43
No. 300	15,9 cm/6¼ in	43
No. 400	15,2 cm/6 in	38

Prestige, No. 200, No. 100, No. 300 (von links nach rechts).

Der mythische Greif, das Markenzeichen, ziert jede Kiste.

H. UPMANN

H. Upmann, Mitglied einer angesehenen europäischen Bankiersfamilie, eröffnete 1844 eine Zigarrenfabrik auf Kuba. Nach Wechsel der Besitzverhältnisse 1922 und 1935 wird die Marke immer noch in Havanna hergestellt (S. 96). In letzter Zeit werden handgemachte Upmann-Zigarren guter Qualität auch für die Consolidated Cigar Corporation in der Dominikanischen Republik in der Fabrik Tabacalera de Garcia in La Romana produziert. Bis vor kurzem benutzte man Deckblätter aus Kamerun, seither indonesische. Alles Übrige ist dominikanisch, und das entsprechende Label lautet »H. Upmann 1844«, während die kubanischen als »H. Upmann Habana« gekennzeichnet sind.

Pequenos No. 100, Robusto, Tubo, Naturale Tube, Lonsdale (von links nach rechts).

Name	Länge	Ringmaß
Churchill	19,4 cm/$7\frac{5}{8}$ in	46
Corona Imperiale	17,8 cm/7 in	46
Corona	14,1 cm/$5\frac{9}{16}$ in	42
Corona Brava	16,5 cm/$6\frac{1}{2}$ in	48
El Prado	17,8 cm/7 in	36
Lonsdale	16,8 cm/$6\frac{5}{8}$ in	42
No. 2000 SBN	17,8 cm/7 in	42
Petit Corona	12,8 cm/$5\frac{1}{16}$ in	42
Pequenos No. 100	11,4 cm/$4\frac{1}{2}$ in	50
Pequenos No. 200	11,4 cm/$4\frac{1}{2}$ in	46
Pequenos No. 300	11,4 cm/$4\frac{1}{2}$ in	42
Zigarren in Tuben		
Corona Major Tube	12,8 cm/$5\frac{1}{16}$ in	42
Tubo Gold Tube	12,8 cm/$5\frac{1}{16}$ in	42
Extra Finos Gold Tube	17 cm/$6\frac{3}{4}$ in	38
Finos Gold Tube	15,5 cm/$6\frac{1}{8}$ in	36
Monarch Tube	17,8 cm/7 in	46
Naturale Tube	15,5 cm/$6\frac{1}{8}$ in	36
Corona Cristal	14,1 cm/$5\frac{9}{16}$ in	42
Panetela Cristal	17 cm/$6\frac{3}{4}$ in	38
Cabinet Selection		
Columbo	20,3 cm/8 in	50
Corsario	14 cm/$5\frac{1}{2}$ in	50
Robusto	12 cm/$4\frac{3}{4}$ in	50
Kleine Zigarren		
Demi-Tasse	11,4 cm/$4\frac{1}{2}$ in	33
Aperitif	10,2 cm/4 in	28

No. 2000 SBN.

HENRY CLAY

Der Namensgeber war im frühen 19. Jahrhundert amerikanischer Kongressabgeordneter und Minister mit Geschäftsverbindungen nach Kuba. Die Zigarren wurden bis in die 30er Jahre in Havanna hergestellt und dann für kurze Zeit in New Jersey, USA. Heute wird die kleine Kollektion guter, handgemachter Qualitätszigarren für die Consolidated Cigar Corporation in der Fabrik Tabacalera de Garcia in La Romana mit breitblättrigen Connecticut-Deckblättern und ansonsten dominikanischem Tabak gefertigt. Der sanfte Geschmack eignet sich gut für Anfänger. Für den amerikanischen und europäischen Markt gibt es unterschiedliche Mischungen. Auf den Zigarrenkisten ist die frühere Fabrik von Henry Clay in Havanna zu sehen.

Brevas Finas, Brevas ala Conserva, Brevas (von oben nach unten).

Name	Länge	Ringmaß
Brevas Finas	16,5 cm/6½ in	48
Brevas ala Conserva	14,3 cm/5⅝ in	46
Brevas	14 cm/5½ in	42

JOSE BENITO

Diese handgemachten Spitzenzigarren haben Kamerun-Deckblätter und ein mildes bis mittleres Aroma. Die Firma hat weniger als 70 Beschäftigte. Der Besitzer Manuel Queseda stammt aus einer Familie, die seit langem im Tabakgeschäft tätig ist. Die Magnum ist eine der größten Zigarren, die man kaufen kann, und hat ihre eigene, attraktive Zedernholzkiste. Die Churchill wird wegen ihres ausgewogenen Geschmacks mit einem Honigton als Zigarre nach einer Mahlzeit geschätzt. Die Palma eignet sich sowohl für Anfänger als auch für erfahrene Zigarrenraucher.

Die Petite ist ebenso wie die Palma geeignet für Anfänger.

Rothschild.

Name	Länge	Ringmaß
Magnum	23 cm/9 in	64
Presidente	19,7 cm/7¾ in	50
Churchill	17,8 cm/7 in	50
Corona	17 cm/6¾ in	43
Panetela	17 cm/6¾ in	38
Palma	15,2 cm/6 in	43
Petite	14 cm/5½ in	38
Havanito	12,7 cm/5 in	36
Rothschild	11,4 cm/4½ in	50
Chico	10,2 cm/4 in	36

Palma, Panetela, Corona, Churchill (von links nach rechts).

JUAN CLEMENTE

Der Franzose Jean Clément hat die Firma 1982 gegründet, die weniger als eine halbe Million Zigarren im Jahr produziert. Die Zigarren sind schwer zu bekommen und natürlich handgemacht, haben ein Connecticut-Deckblatt, dominikanisches Umblatt und vier Tabake als Einlage, die einen einzigartigen Geschmack ergeben. Die Bauchbinden befinden sich am Fuß der Zigarren.

Panetela, Corona, Rothschild, Demi-Corona (von links nach rechts).

Name	Länge	Ringmaß
Especiale	19 cm/7½ in	38
Churchill	17,5 cm/6⅞ in	46
Panetela	16,5 cm/6½ in	34
Grand Corona	15,2 cm/6 in	42
Corona	12,7 cm/5 in	42
No. 530	12,7 cm/5 in	30
Rothschild	12,4 cm/4⅞ in	50
Demi-Corona	10,2 cm/4 in	40
Club Selection		
No. 1	15,2 cm/6 in	50
No. 2	11,4 cm/4½ in	46
No. 3	17,8 cm/7 in	44
No. 4	14,6 cm/5¾ in	42

Club Selection No. 2, Club Selection No. 4. Die Zigarren dieser Serie sind vier Jahre gereift und haben einen kräftigeren Charakter als die anderen (rechts).

Jean Clément benutzt seit 1982 die spanische Version seines Namens für seine Zigarren.

KISKEYA

Diese handgemachten, mild schmeckenden Zigarren werden von Tropical Tobacco Inc. in der Dominikanischen Republik hergestellt. Sie haben eine dominikanische Einlage, ein Umblatt aus Tabak kubanischen Ursprungs und ein in Ecuador gewachsenes Deckblatt aus Connecticut-Tabak, das es auch als Maduro gibt.

Churchill, No. 1, Rothschild (von oben nach unten).

Name	Länge	Ringmaß
Viajante	21,6 cm/8½ in	52
Presidente	19 cm/7½ in	50
Churchill	17,8 cm/7 in	48
No. 1	17 cm/6¾ in	44
Palma Fina	17,8 cm/7 in	36
Cetro	15,9 cm/6¼ in	44
Toro	15,2 cm/6 in	50
No. 2	15,2 cm/6 in	42
No. 4	14 cm/5½ in	42
Rothschild	12,7 cm/5 in	50

LICENCIADOS

Seit 1990 gibt es diese handgemachten Spitzenzigarren. Beide Serien haben auf der Bauchbinde eine Kutschendarstellung, die identisch mit der kubanischen Marke Diplomaticos ist. Diese Zigarren haben ein Connecticut-Deckblatt und ansonsten dominikanische Tabake. Sie sind mild im Geschmack.

Name	**Länge**	**Ringmaß**
Soberano	21,6 cm/8½ in	52
Presidente	20,3 cm/8 in	50
Panetela	17,8 cm/7 in	38
Excelente	17 cm/6¾ in	43
Toro	15,2 cm/6 in	50
Licenciados No. 4	14,6 cm/5¾ in	43
Wavell	12,7 cm/5 in	50
Supreme Range		
500	20,3 cm/8 in	50
400	15,2 cm/6 in	50
300	17 cm/6¾ in	43
200	14,6 cm/5¾ in	43

Supreme 400, Licenciados No. 4, Wavell (von oben nach unten).

Supreme 500 (oben rechts).

MACANUDO

Eine der beliebtesten Marken in den USA. Diese handgemachten Zigarren von Spitzenqualität wurden ab 1868 in Jamaika gefertigt, sie werden heute von der General Cigar Company in Jamaika und der Dominikanischen Republik produziert, wobei kaum ein Unterschied festzustellen ist. Bis auf die nur in Jamaika gefertigten Jahrgangszigarren (S. 156) haben sie alle Deckblätter aus Connecticut Shade von der Plantage der Firma, Umblätter aus Mexiko und eine dominikanische Einlage.

Macanudos haben einen reichen, komplexen Geschmack sowie einen exzellenten Rauch. Ihre konstante Qualität rechtfertigt ihren hervorragenden Ruf.

Eine Kiste mit Prince Philip-Zigarren.

Name	**Länge**	**Ringmaß**
Prince of Wales	20,3 cm/8 in	52
Prince Philip	19 cm/$7\frac{1}{2}$ in	49
Portofino	17,8 cm/7 in	34
Baron de Rothschild	16,5 cm/$6\frac{1}{2}$ in	42
Duke of Windsor	15,2 cm/6 in	50
Claybourne	15,2 cm/6 in	31
Hampton Court	14,6 cm/$5\frac{3}{4}$ in	43
Crystal	14 cm/$5\frac{1}{2}$ in	50
Hyde Park	14 cm/$5\frac{1}{2}$ in	49
Duke of Devon	14 cm/$5\frac{1}{2}$ in	42
Petit Corona	12,7 cm/5 in	38
Ascot	10,6 cm/$4\frac{3}{16}$ in	32
Caviar	10,2 cm/4 in	36
Miniature	9,5 cm/$3\frac{3}{4}$ in	24

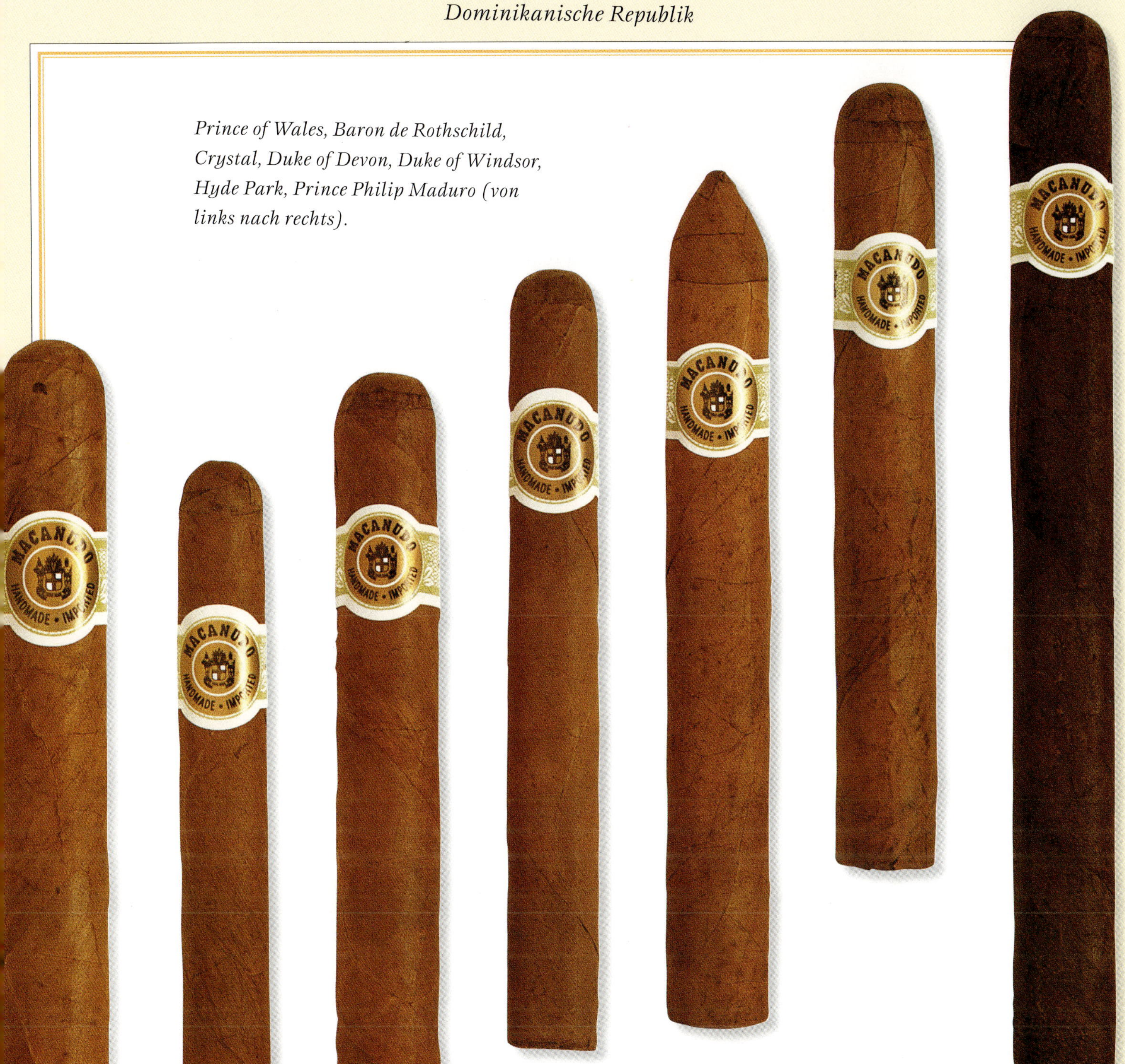

Prince of Wales, Baron de Rothschild, Crystal, Duke of Devon, Duke of Windsor, Hyde Park, Prince Philip Maduro (von links nach rechts).

Eine Prince Philip Maduro-Zigarrenkiste.

MACANUDO VINTAGE

Gelegentlich enthält eine Tabakernte eine kleine Menge besonders hervorragender Blätter für die Einlage, das Umblatt und das Deckblatt. Sie werden als »Jahrgang« geadelt und für die Macanudo Vintage Cabinet Selection verwendet. Hersteller ist gleichfalls die General Cigar Company. 1979, 1984, 1988 und 1993 gab es solche Jahrgänge. 1996 konnte man erstmals die Vintage 1993 kaufen. Sie tragen den Jahrgang neben dem roten Markenzeichen auf der Bauchbinde und der Zigarrenkiste. Die Blätter sind sanfter gereift als andere Tabake. Die Zigarren sind unvergleichlich mild zu rauchen. Der Preis entspricht ihrer Seltenheit (vgl. S. 218).

Vintage I, Vintage II, Vintage III, Vintage IV (von links nach rechts).

Macanudo Vintage Cabinet Selection IV in einer Kiste mit Schiebedeckel.

Name	Länge	Ringmaß
No. I	19 cm/$7\frac{1}{2}$ in	49
No. II	16,7 cm/$6\frac{9}{16}$ in	43
No. III	14,1 cm/$5\frac{9}{16}$ in	43
No. IV	11,4 cm/$4\frac{1}{2}$ in	47

MONTECRISTO

Die neuere dominikanische, für den amerikanischen Markt produzierte Marke sollte nicht mit der seit 1935 existierenden, gleichnamigen Havanna (S. 98) verwechselt werden. Sechs Formate haben ein amerikanisches Deckblatt und ansonsten dominikanische Tabake. Nur die Robusto hat ein Deckblatt aus Kamerun und verwendet für Umblatt und Einlage brasilianische und dominikanische Tabake. Hersteller ist die Fabrik Tabacalera de Garcia für die Consolidated Cigar Corporation.

Name	Länge	Ringmaß
Churchill	17,8 cm/7 in	48
No. 1	16,5 cm/6½ in	44
Double Corona	15,9 cm/6¼ in	50
No. 2 (Torpedo)	15,2 cm/6 in	50
No. 3	14 cm/5½ in	44
Corona Grande	13,3 cm/5¼ in	46
Robusto	10,8 cm/4¼ in	50

Robusto.

Die nach der berühmten kubanischen Montecristo benannten Zigarren werden in La Romana für die Consolidated Cigar Corporation produziert.

Churchill, No. 1, Double Corona, No. 2, No. 3 (von links nach rechts).

MONTECRUZ

Die Familie Menendez produzierte auf Kuba die Montecristo, bis sie nach 1959 auf den Kanarischen Inseln die Marke Montecruz ins Leben rief. 1977 wurde die Produktion in die Dominikanische Republik verlegt, wo die Marke von der Consolidated Cigar Corporation als »Montecruz Sun Grown« hergestellt wird. Man verwendet Kamerun-Deckblätter, dominikanische Umblätter und eine Mischung brasilianischer und dominikanischer Tabake für die Einlage. Eine mildere Auswahl von Zigarren mit Connecticut-Deckblättern – die Natural Claro-Serie – wird für Dunhill (S. 83 und S. 140) gleichfalls von der Corporation produziert.

Name	**Länge**	**Ringmaß**
Individuale	20,3 cm/8 in	50
Colossus	16,5 cm/6½ in	50
Tubulare	15 cm/1⅛ in	36
Cedar-Aged	12,7 cm/5 in	42
Junior	12,4 cm/4⅞ in	33
Robusto	11,5 cm/4½ in	50
Chico	9,8 cm/3⅞ in	28
Montecruz F	18,4 cm/7¼ in	47
Montecruz D	17,8 cm/7 in	36
Montecruz A	16,8 cm/6⅝ in	43
No. 200	18,4 cm/7¼ in	46
No. 201	15,5 cm/6⅛ in	38
No. 205	17,8 cm/7 in	42
No. 210	16,5 cm/6½ in	42
No. 220	14 cm/5½ in	42
No. 240	12 cm/4¾ in	44
No. 250	16,5 cm/6½ in	38
No. 255	17,8 cm/7 in	36
No. 265	14 cm/5½ in	38
No. 270	12 cm/4¾ in	35
No. 280	17,8 cm/7 in	33
No. 281	15,2 cm/6 in	33
No. 282	12,7 cm/5 in	42

Tubulare, Colossus, Junior, Robusto, Cedar-Aged, No. 200 (von links nach rechts).

MONTESINO

Diese kleine Marke handgemachter Zigarren guter Qualität mit mildem bis mittleren Geschmack wird von Arturo Fuente mit dominikanischen Deckblättern hergestellt.

Name	**Länge**	**Ringmaß**
Napoleon Grande	17,8 cm/7 in	46
No. 1	17,5 cm/$6^{7}/_{8}$ in	43
No. 3	17 cm/$6^{3}/_{4}$ in	36
Fuma	17 cm/$6^{3}/_{4}$ in	44
Gran Corona	17 cm/$6^{3}/_{4}$ in	48
No. 2	15,9 cm/$6^{1}/_{4}$ in	44
Cesar No. 2	15,9 cm/$6^{1}/_{4}$ in	44
Diplomatico	14 cm/$5^{1}/_{2}$ in	42

Diplomatico, Cesar No. 2, No. 2, Gran Corona, No. 1 (von links nach rechts).

NAT SHERMAN

Das von Nat Sherman in den 30er Jahren gegründete Tabakimperium rund um den weltberühmten Laden in der Fifth Avenue in Manhattan produziert eine große Vielfalt handgemachter dominikanischer Zigarren. Die für jede Selektion andersfarbigen Bauchbinden werden von der berühmten Uhr dieses Ladens geziert. Die Namen haben meist etwas mit New York oder der Familie zu tun.

Metropolitan Selection: Metropolitan, Nautical, University, Explorer, Angler (von links nach rechts).

Die Selektionen Exchange, Gotham und V.I.P. verwenden Connecticut-Deckblätter, die Landmark Selection solche aus Kamerun und die Manhattan und City Desk Selection mexikanische Deckblätter. Die Exchange und die Gotham Selection schmecken eher milde, die Landmark Selection hat einen vollen Körper. Das große Angebot enthält wegen seiner verschiedenen Tabakmischungen für jeden Geschmack das Passende bereit.

V.I.P Selection: Morgan, Carnegie, Astor.
Gotham Selection: No. 65, No. 711, No. 1400, No. 500 (von links nach rechts).

Name	Länge	Ringmaß
Metropolitan Selection		
Metropolitan	17,8 cm/7 in	47/60
Nautical	17,8 cm/7 in	34/48
University	15,2 cm/6 in	50
Explorer	14 cm/5½ in	44/56
Angler	14 cm/5½ in	43
V.I.P. Selection		
Morgan	17,8 cm/7 in	42
Zigfeld Fancytail	17 cm/6¾ in	38
Carnegie	15,2 cm/6 in	48
Astor	11,4 cm/4½ in	50
City Desk Selection		
Tribune	19 cm/7½ in	50
Dispatch	16,5 cm/6½ in	46
Telegraph	15,2 cm/6 in	50
Gazette	15,2 cm/6 in	42
Host Selection		
Harrington	19 cm/7½ in	47
Hampton	17,8 cm/7 in	50
Hunter	17 cm/6¾ in	43
Hudson	15,2 cm/6 in	34
Hobart	14 cm/5½ in	49
Hamilton	14 cm/5½ in	42

City Desk Selection: Tribune, Dispatch, Telegraph, Gazette (von links nach rechts).

Eine Kiste von Nat Shermans Host Selection, die honduranischen Tabak für Umblatt und Einlage enthält (rechts).

Name	Länge	Ringmaß
Manhattan Selection		
Gramercy	17 cm/6¾ in	43
Chelsea	16,5 cm/6½ in	38
Tribeca	15,2 cm/6 in	31
Sutton	14 cm/5½ in	49
Beekman	13,3 cm/5¼ in	28
Gotham Selection		
No. 500	17,8 cm/7 in	50
No. 1400	15,9 cm/6¼ in	44
No. 711	15,2 cm/6 in	50
No. 65	15,2 cm/6 in	32
Exchange Selection		
Butterfield No. 8	16,5 cm/6½ in	42
Trafalgar No. 4	15,2 cm/6 in	47
Murray Hill No. 7	15,2 cm/6 in	38
Academy No. 2	12,7 cm/5 in	31
Landmark Selection		
Algonquin	17 cm/6¾ in	43
Vanderbilt	15,2 cm/6 in	47
Metropole	15,2 cm/6 in	34
Hampshire	14 cm/5½ in	42

Landmark Selection: Vanderbilt, Hampshire, Metropole, Algonquin (oben von links nach rechts).

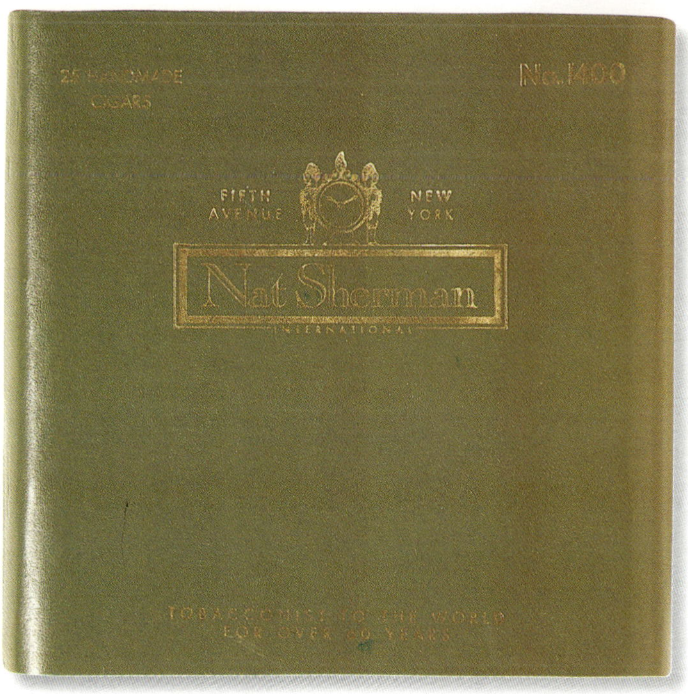

Bei der Gotham Selection prangt die Uhr auf einer grünen Zigarrenkiste (rechts).

ONYX

Dieses Angebot milder, handgemachter Zigarren guter Qualität gibt es seit den frühen 90er Jahren; das Deckblatt aus mexikanischem Maduro, Umblatt aus javanischem, die Einlage aus dominikanischem und mexikanischem Tabak.

Name	**Länge**	**Ringmaß**
No. 852	20,3 cm/8 in	52
No. 750	19 cm/7½ in	50
No. 646	16,8 cm/6⅝ in	46
No. 642	15,2 cm/6 in	42
No. 650	15,2 cm/6 in	50

No. 852, No. 750, No. 642, No. 650 (von links nach rechts).

OSCAR

Seit den 80er-Jahren auf dem Markt, befriedigt diese exzellente, handgemachte Marke die meisten Geschmacksbedürfnisse. Ihre Formate reichen vom Oscarito-Zigarillo bis zum mächtigen Don Oscar. Der Tabak ist dominikanisch, das Deckblatt aus Connecticut.

Name	Länge	Ringmaß
Don Oscar	23 cm/9 in	46
Supreme	20,3 cm/8 in	48
No. 700	17,8 cm/7 in	54
No. 200	17,8 cm/7 in	44
No. 100	17,8 cm/7 in	38
No. 300	15,9 cm/6¼ in	44
No. 400	15,2 cm/6 in	38
No. 500	14 cm/5½ in	50
Prince	12,7 cm/5 in	30
No. 600	11,4 cm/4½ in	50
Oscarito	10,2 cm/4 in	20

No. 600, No. 500, No. 400, No. 700, No. 200, Supreme (von links nach rechts).

PARTAGAS

Partagas wurde in der Mitte des vorigen Jahrhunderts auf Kuba gegründet. Die Fabrik in Havanna stellt heute noch eine große Auswahl dieser bekannten Spitzenzigarren her (S. 100). Die handgemachten dominikanischen werden seit kurzem von der General Cigar Company angeboten. An den Bauchbinden kann man sie unterscheiden: »Partagas 1845« steht für die dominikanische, »Habana« für die kubanische Version.

Die Produktion wird von Ramon Fuentes überwacht, der sein Leben lang Partagas-Zigarren zunächst auf Kuba und seit den 60er Jahren dann in der Dominikanischen Republik gemacht hat. Hier werden Kamerun-Deckblätter verwandt, ein Umblatt aus Mexiko und eine dominikanische und mexikanische Einlage.

Die Zigarren werden in einem Raum aus spanischer Zeder einem dreiwöchigen, einzigartigen Reifeprozess unterzogen. Nach der sorgfältigen Farbsortierung in Kisten lagern sie noch einmal drei Monate. Das Aroma hat einen reichen, vollen Körper mit würziger Note und einem Hauch Süße.

No. 10, No. 1, Aristocrat, No. 2, Humitube (von links nach rechts).

Partagas Robusto (unten).

Name	Länge	Ringmaß
No. 10	19 cm/7½ in	49
Fabuloso	17,8 cm/7 in	52
8-9-8	17,5 cm/6⅞ in	44
Humitube	17 cm/6¾ in	43
No. 1	17 cm/6¾ in	43
Maduro	15,9 cm/6¼ in	48
Almirante	15,9 cm/6¼ in	47
Aristocrat	15,2 cm/6 in	50
No. 6	15,2 cm/6 in	34
Sabroso	14,9 cm/5⅞ in	44
No. 2	14,6 cm/5¾ in	43
Naturale	14 cm/5½ in	50
No. 4	12,7 cm/5 in	38
Robusto	11,4 cm/4½ in	49
Purito	10,6 cm/4 3/16 in	32
Miniatura	9,5 cm/3¾ in	24

Robusto, Naturale.

PARTAGAS LIMITED RESERVE

Diese Kollektion wird von Ramon Cifuentes aus den besten Kamerun-Deckblättern hergestellt, die durch einen verlangsamten Reifeprozess gehen. Partagas behauptet, dass diese Zigarren langsamer und für längere Zeit reifen als jede andere Premium-Zigarre. Jede Kiste enthält ein Zertifikat mit Jahr und Monat der Zedernholzreife, Verpackung und Freigabe, damit sich der Aficionado ihrer Qualität sicher sein kann.

Epicure.

Name	Länge	Ringmaß
Royale	17 cm/6¾ in	43
Regale	15,9 cm/6¼ in	47
Robusto	14 cm/5½ in	49
Epicure	12,7 cm/5 in	38

PAUL GARMIRIAN

1991 von dem Aficionado Paul Garmirian gegründet, stellt die Firma heute einige der besten handgemachten Zigarren außerhalb von Havanna her. Diese Spitzenqualitäten haben rötlich-braune Colorado-Deckblätter, ansonsten dominikanischen Tabak. Sie sind süß und mild im Geschmack und nur schwer erhältlich.

No. 1, Lonsdale, Belicosa, Corona Grande (von links nach rechts).

Name	Länge	Ringmaß
Celebration	23 cm/9 in	50
Double Corona	19,4 cm/7⅝ in	50
No. 1	19 cm/7½ in	38
Churchill	17,8 cm/7 in	48
Belicosa	16,5 cm/6½ in	52
Corona Grande	16,5 cm/6½ in	46
Lonsdale	16,5 cm/6½ in	42
Connoisseur	15,2 cm/6 in	50
Especial	14,6 cm/5¾ in	38
Belicoso Fino	14 cm/5½ in	52
Epicure	14 cm/5½ in	50
Corona	14 cm/5½ in	42
Robusto	12,7 cm/5 in	50
Petit Corona	12,7 cm/5 in	43
No. 2	12 cm/4¾ in	48
Petit Bouquet	11,4 cm/4½ in	38
No. 5	10,2 cm/4 in	40
Bombone	8,9 cm/3½ in	43

Petit Bouquet, Double Corona (rechts).

Viele sind der Meinung, dass Paul Garmirian die beste Qualität außerhalb Havannas bietet. Entsprechend sind die Preise.

PLAYBOY BY DON DIEGO

Diese kleine Auswahl von English Market Selection (EMS)-Zigarren mit mittlerem Körper und Connecticut-Deckblatt wird für die Consolidated Cigar Corporation bei Tabacalera de Garcia in La Romana hergestellt.

Churchill, Gran Corona, Lonsdale, Double Corona, Robusto (von links nach rechts).

Name	Länge	Ringmaß
Churchill EMS	19,7 cm/7¾ in	50
Gran Corona EMS	17 cm/6¾ in	48
Lonsdale EMS	16,5 cm/6½ in	42
Double Corona EMS	15,2 cm/6 in	52
Robusto EMS	12,7 cm/5 in	50

PLEIADES

Diese Auswahl handgemachter milder Zigarren von guter Qualität wird in der Dominikanischen Republik hergestellt. Die Zigarren haben ein Deckblatt aus Connecticut Shade, ein dominikanisches Umblatt und eine Einlage aus kubanischem Olor und Piloto. Besitzer der Marke ist Swisher International. Die Zigarren werden zum Firmensitz in Straßburg exportiert. Sie reifen hier, werden hier verpackt und in ganz Europa und auch den USA vertrieben. Sie sind mild bis reich mit vollem Körper, je nachdem, welches der zwölf Formate man wählt. Die Zigarrenkisten enthalten einen Befeuchter, um diese beliebten Zigarren perfekt zu konservieren.

Pleiades bietet auch maschinell hergestellte Zigarillos an.

Orion (oben), Mars (darunter).

Name	**Länge**	**Ringmaß**
Aldebran	21,6 cm/8½ in	50
Saturn	20,3 cm/8 in	46
Neptune	19 cm/7½ in	42
Sirius	17,5 cm/6⅞ in	46
Uranus	17,5 cm/6⅞ in	34
Orion	14,6 cm/5¾ in	42
Antares	14 cm/5½ in	40
Venus	13 cm/5⅛ in	28
Pluton	12,7 cm/5 in	50
Perseus	12,7 cm/5 in	34
Mars	12,7 cm/5 in	28

Neptune, Sirius Reserve Privée 1991, Sirius, Uranus, Pluton (von links nach rechts).

POR LARRANAGA

Diese handgemachten Spitzenzigarren, nicht zu verwechseln mit den gleichnamigen Havannas (S. 102), haben eine dominikanisch-brasilianische Einlage, ein dominikanisches Umblatt und ein Connecticut Shade-Deckblatt. Auf ihrer Bauchbinde steht »La Romana«, auf der kubanischen »Habana«.

Name	**Länge**	**Ringmaß**
Fabuloso	17,8 cm/7 in	50
Cetro	17,5 cm/6 7/8 in	42
Delicado	16,5 cm/6 1/2 in	36
Pyramid	15,2 cm/6 in	50
Nacionale	14,1 cm/5 9/16 in	42
Petit Cedro en Cedro	12,7 cm/5 in	38
Robusto	12,7 cm/5 in	50

Pyramid, Robusto, Petit Cedro en Cedro, Nacionale, Delicado, Cetro, Fabuloso (von links nach rechts).

PRIMO DEL REY

Das große Angebot bester handgemachter Qualitätszigarren wird in der Fabrik Tabacalera de Garcia in La Romana für die Consolidated Cigar Corporation produziert. Die Club Selection hat eine aufwändige goldene und rote Bauchbinde.

Presidente (oben), No. 4 (darunter).

Name	Länge	Ringmaß
Seleccion No. 1	17,3 cm/$6\frac{13}{16}$ in	42
Seleccion No. 3	17,3 cm/$6\frac{13}{16}$ in	36
Presidente	17 cm/$6\frac{3}{4}$ in	44
Chavon	16,5 cm/$6\frac{1}{2}$ in	41
Seleccion No. 2	15,9 cm/$6\frac{1}{4}$ in	42
Reale	15,5 cm/$6\frac{1}{8}$ in	36
Cazadore	15,4 cm/$6\frac{1}{16}$ in	44
Seleccion No. 4	14 cm/$5\frac{1}{2}$ in	42
Panetela Extra	15,1 cm/$5\frac{15}{16}$ in	34
Corto	10,2 cm/4 in	28
Club Selection		
Baron	21,6 cm/$8\frac{1}{2}$ in	52
Regal	17,8 cm/7 in	50
Aristocrat	17 cm/$6\frac{3}{4}$ in	48
Noble	15,9 cm/$6\frac{1}{4}$ in	44
Geschenkpackung		
Royal Corona	15,2 cm/6 in	46
Lonsdale	16,5 cm/$6\frac{1}{2}$ in	42

RAMON ALLONES

Anders als die kubanische Namensschwester (S. 107) sind diese exzellenten, von General Cigar produzierten Zigarren mild bis mittel im Geschmack. Sie haben ein Kamerun-Deckblatt, ein mexikanisches Umblatt und eine Einlagemischung aus dominikanischen, mexikanischen und jamaikanischen Tabaken. Die Crystal ist einzeln in einer Glastube verpackt, die Trumps in ihren Zedenholzkisten haben keine Bauchbinde.
Die Stückzahl ist begrenzt.

B, Crystal, Redondo (rechts).

Name	Länge	Ringmaß
Redondo	17,8 cm/7 in	49
A	17,8 cm/7 in	45
Trump	17 cm/6¾ in	43
Crystal	17 cm/6¾ in	42
B	16,5 cm/6½ in	42
D	12,7 cm/5 in	42

ROMEO Y JULIETA

Wohl der berühmteste Markenname auf der Welt, den es aus Kuba (S. 108) und als handgemachte Zigarre bester Qualität aus der Dominikanischen Republik gibt. Sie hat ein Kamerun-Deckblatt, ein breitblättriges Connecticut-Umblatt und eine Einlage aus dominikanischem und hier gezogenem kubanischem Tabak. Die herausragende Vintage-Serie hat ein Connecticut Shade-Deckblatt, ein gereiftes mexikanisches Umblatt und die gleiche Einlage. Ihre Zedernholzkisten enthalten einen Befeuchter.

Name	Länge	Ringmaß
Vintage-Serie		
Monarch	20 cm/$7\frac{7}{8}$ in	52
Presidente	17,8 cm/7 in	43
Delgado	17,8 cm/7 in	32
Romeo	15,2 cm/6 in	46
Palma	15,2 cm/6 in	43
Breva	14 cm/$5\frac{1}{2}$ in	38
Panetela	13 cm/$5\frac{1}{8}$ in	35
Chiquita	10,8 cm/$4\frac{1}{4}$ in	32

Palma, Chiquita, Monarch, Presidente, Breva (von links nach rechts).

ROYAL DOMINICANA

Zigarren von exzellenter Qualität zu günstigen Preisen bietet diese Marke von J.R. Tobacco. Sie sind mild bis mittelstark mit einem Connecticut-Deckblatt, mexikanischem Umblatt und dominikanischer Einlage.

Nacional, Super fino, Corona, No. 1, Churchill (von links nach rechts).

Name	Länge	Ringmaß
Churchill	18,4 cm/7¼ in	50
No. 1	17 cm/6¾ in	43
Corona	15,2 cm/6 in	46
Super fino	15,2 cm/6 in	35
Nacional	14 cm/5½ in	43

ROYAL JAMAICA

Diese milden Spitzenzigarren wurden in Jamaika bis zu einem Hurrikan 1989 produziert, der die Fabrik und Plantage verwüstete. Die Produktion dieser großen Kollektion wurde von der Consolidated Cigar Corporation in der Dominikanischen Republik fortgeführt und zusätzlich 1996 in Jamaika wieder aufgenommen. Die Zigarren bestehen aus einem Kamerun-Deckblatt, javanischem Umblatt und einer dominikanisch-javanischen Mischung für die Einlage. Die Maduro Range haben brasilianische Deckblätter. Ein geheimes Ingredienz, das bei der Fermentation hinzugefügt wird, gibt diesen Zigarren ihren einzigartig würzigen Geschmack.

Gaucho.

Name	**Länge**	**Ringmaß**
Goliath	23 cm/9 in	64
Churchill	20,3 cm/8 in	51
Giant Corona	19 cm/7½ in	49
Double Corona	17,8 cm/7 in	45
Doubloon	17,8 cm/7 in	30
Navarro	17 cm/6¾ in	34
Corona Grande	16,5 cm/6½ in	42
Rapier	16,5 cm/6½ in	28
Park Lane	15,2 cm/6 in	47
New York Plaza	15,2 cm/6 in	40
Royal Corona	15,2 cm/6 in	30
Buccaneer	14 cm/5½ in	30
Gaucho	13,3 cm/5¼ in	33
Robusto	11,4 cm/4½ in	49
Pirate	11,4 cm/4½ in	30
Maduro Range		
Churchill	20,3 cm/8 in	51
Corona Grande	16,5 cm/6½ in	42
Corona	14 cm/5½ in	40
Buccaneer	14 cm/5½ in	30

Corona, Toro, Park Lane, Corona Grande, Navarro, Churchill (von links nach rechts).

SANTA DAMIANA

In den frühen 20er-Jahren war diese Marke in den USA und Großbritannien recht beliebt. Sie wurde von der American Cigar Company auf Kuba produziert. 1986 kaufte die Consolidated Cigar Corporation die Gesellschaft und legte Santa Damiana wieder auf. Ihre Herstellung erfolgt in der modernen Fabrik Tabacalera de Garcia in der zollfreien Südostecke der Insel, die technisch mit einer ultra-modernen Qualitätskontrolle auf dem allerneuesten Stand ist.

Für den amerikanischen (AMS) und den englischen (EMS) Markt werden verschiedene Mischungen und Formatnamen verwandt. Die AMS-Formate, als No. 100, No. 700 usw. be-

Corona, Petit Corona, Robusto, Torpedo (von links nach rechts).

zeichnet, enthalten eine leichtere Mischung und sind milder. Die EMS-Formate wurden mit der über 200 Jahre alten Zigarrenimportfirma Hunters & Frankau in London für Raucher entwickelt, die einen volleren Geschmack lieben. Dafür sorgt das Connecticut Shade-Deckblatt und die dominikanische Einlage.

Santa Damiana verwendet im Inland gewachsene Einlageblätter sowohl für die amerikanische als auch die englische Selection.

Name	Länge	Ringmaß
American Market Selection (AMS)		
Seleccion No. 800	17,8 cm/7 in	50
Seleccion No. 100	17 cm/6¾ in	48
Seleccion No. 700	16,5 cm/6½ in	42
Seleccion No. 300	14 cm/5½ in	46
Seleccion No. 500	12,7 cm/5 in	50
English Market Selection (EMS)		
Churchill	17,8 cm/7 in	48
Torpedo	15,2 cm/6 in	52
Tubulare Extra	14 cm/5½ in	42
Corona	14 cm/5½ in	42
Robusto	12,7 cm/5 in	50
Petit Corona	12,7 cm/5 in	42
Tubulare	12,7 cm/5 in	42
Panetela	11,4 cm/4½ in	36

SOSA

1960 begann in Miami die Karriere dieser gut gemachten, preisgünstigen Zigarren mit mittlerem bis vollem Geschmack. Seit 1970 werden sie für den internationalen Markt in der Dominikanischen Republik hergestellt. Die Deckblätter stammen entweder aus Connecticut oder aus in Ecuador gezogenem Sumatrasamen, die Umblätter aus Honduras und die Einlage aus dem Inland.

Piramide No. 2, Family Selection No. 7, No. 5, No. 4 (von links nach rechts).

Name	**Länge**	**Ringmaß**
Magnum	19 cm/$7\frac{1}{2}$ in	52
Piramide	17,8 cm/7 in	48
Lonsdale	16,5 cm/$6\frac{1}{2}$ in	43
Governor	15,2 cm/6 in	50
Santa Fe	15,2 cm/6 in	35
Breva	14 cm/$5\frac{1}{2}$ in	43
Wavell	12 cm/$4\frac{3}{4}$ in	50
Family Selection		
No. 1	17 cm/$6\frac{3}{4}$ in	43
No. 2	16 cm/$6\frac{1}{4}$ in	54
No. 3	14,6 cm/$5\frac{3}{4}$ in	44
No. 4	12,7 cm/5 in	40
No. 5	12,7 cm/5 in	50
No. 6	16 cm/$6\frac{1}{4}$ in	38
No. 7	15 cm/6 in	50
No. 8	17 cm/$6\frac{3}{4}$ in	48
No. 9	19,7 cm/$7\frac{3}{4}$ in	52

Die Sosa Family Selection hat ein Connecticut Shade-Deckblatt und für Umblatt und Einlage dominikanische Tabake.

VALDRYCH

Die Zigarren werden im Herzen der Plantagenregion des Cibao-Tales nahe Santiago in der Dominikanischen Republik gefertigt. Valdrych ist mit eigenen Plantagen in Familienbesitz und kam in den 80er Jahren auf den amerikanischen Markt. Seit 1996 ist die Firma auch in Großbritannien vertreten.

Name	**Länge**	**Ringmaß**
Quisqueya Real	25,4 cm/10 in	50
Monumento	20,3 cm/8 in	50
Caballero	19,7 cm/7¾ in	38
1904	17 cm/6¾ in	46
Taino	15,2 cm/6 in	50
Francisco	14 cm/5½ in	46
Anacaona	14 cm/5½ in	42
Conde	11,4 cm/4½ in	52
Carlos	11,4 cm/4½ in	50
Sublime	10,2 cm/4 in	42

Anacaona, Carlos, Conde, Sublime (von links nach rechts).

Francisco, Taino, 1904, Caballero, Monumento, Quisqueya Real (von links nach rechts).

Das besondere Label von Valdrych auf einer Kiste für den britischen Markt (links).

HONDURAS

Die Republik Honduras liegt zwischen Guatemala und Nicaragua in Mittelamerika. Es herrscht ein feuchtes, tropisches Klima. Einstmals gab es hier eine reiche Maya-Kultur mit ihrer Blüte im 4. Jahrhundert. Tabak wächst hier wie selbstverständlich und wurde von den Mayas bei religiösen Zeremonien geraucht. Nach der Entdeckung durch Kolumbus 1502 wurde das Land schnell von den Spaniern unterworfen und blieb bis 1821 unter ihrer Herrschaft. Seither prägen Revolutionen und Armeeputsche seine Geschichte.

Nach Castros Verstaatlichung der Tabakindustrie verließen Anfang der 60er Jahre viele Kubaner ihre Insel und siedelten sich in Honduras an. Es gab größere Investitionen durch hiesige und amerikanischen Tabakkonzerne. Die Plantagenwirtschaft und die Zigarrenherstellung wurden immer wichtiger. Einige honduranische Marken benutzen die gleichen Namen wie kubanische, darunter El Rey del Mundo, Hoyo de Monterrey und Punch. Zu den guten handgemachten Zigarren aus Honduras gehören Don Ramos, Don Tomas, Excalibur, La Invicta und Zino. Sie neigen dazu, einen würzigen, robusten Geschmack zu haben. Der meist verwandte Tabak ist aus dominikanischem, kubanischem und Connecticut-Saatgut im Inland gewachsen. Deck- und Umblätter werden aber auch aus Mexiko, Nicaragua und der Dominikanischen Republik importiert.

Plantage im Rio Copan-Tal. Die Tabakpflanze ist in Honduras heimisch.

BACCARAT HAVANA

Diese kleine Kollektion guter handgemachter und preisgünstiger Zigarren hat Connecticut Shade-Deckblätter, ein mexikanisches Umblatt und eine honduranische Einlage aus Kubasamen. Besondere Ingredienzien, mit denen der Kopf versiegelt wird, geben ihnen einen süßen Geschmack.

Name	Länge	Ringmaß
Polo	17,8 cm/7 in	52
Churchill	17,8 cm/7 in	50
No. 1	17,8 cm/7 in	44
Luchadore	15,2 cm/6 in	43
Petit Corona	14 cm/5½ in	42
Rothschild	12,7 cm/5 in	50
Bonita	11,4 cm/4½ in	30

Bonita, Rothschild, No. 1, Churchill. Man beachte den Slogan auf den Bauchbinden: »Dolce far niente« (das süße Nichtstun) (von links nach rechts).

BANCES

Francisco Bances gründete die Marke um 1840 auf Kuba. Nach der Revolution zog man nach Tampa, Florida, wo auch heute noch Zigarren maschinell hergestellt werden. Die honduranischen Zigarren mit ihrem milden bis mittleren Geschmack sind handgemacht mit honduranischer Einlage und einem Umblatt aus Ecuador. Sie haben einen würzigen Beigeschmack und bieten viel fürs Geld.

Name	Länge	Ringmaß
Corona Immensa	17 cm/6¾ in	48
Cazadore	15,9 cm/6¼ in	44
El Prado	15,9 cm/6¼ in	36
Palma	15,2 cm/6 in	42
Breva	14 cm/5½ in	43
Unique	14 cm/5½ in	38

Palma und Breva, Zigarrenkiste (von links nach rechts).

BERING

Die Marke wurde 1905 in Tampa, Florida gegründet. Die maschinell hergestellten Puppen werden in Honduras für Swisher International handgerollt. Sie haben eine ausgezeichnete Qualität und mittelstarken Geschmack.

Name	**Länge**	**Ringmaß**
Grande	21,6 cm/8½ in	52
Immensa	18,1 cm/7⅛ in	45
Casinos	18,1 cm/7⅛ in	42
Baron	18,1 cm/7⅛ in	42
Torpedo	17,5 cm/6⅞ in	31/54
Cazadore	15,9 cm/6¼ in	45
Gold 1	15,5 cm/6⅛ in	33
Hispano	15,2 cm/6 in	50
Plaza	15,2 cm/6 in	43
Corona Royale	15 cm/6 in	41
Coronado (natural/candela)	13 cm/5⅛ in	45
Imperial	13 cm/5⅛ in	42
Robusto	11,8 cm/4¾ in	50

Robusto, Imperial und Tube, Coronado Candela, Corona Royale und Tube (von links nach rechts).

Casinos, Hispano, Gold 1, Cazadore, Torpedo, Immensa, Baron, Grande (von links nach rechts).

Die Casinos hat eine Glastube mit goldenem Anhänger.

C.A.O.

Seit 1994 gibt es diese Auswahl handgemachter Zigarren mit mildem Aroma. Sie haben ein Connecticut Shade-Deckblatt, ein honduranisches Umblatt, eine mexikanisch-nicaraguanische Einlage und bieten einen weichen, süßen Geschmack.

Name	Länge	Ringmaß
Churchill	20,3 cm/8 in	50
Presidente	19 cm/7½ in	54
Lonsdale	17,8 cm/7 in	44
Corona Gorda	15,2 cm/6 in	50
Corona	15,2 cm/6 in	42
Small Corona	12,7 cm/5 in	40
Robusto	11,4 cm/4½ in	50

Robusto, Corona Gorda, Lonsdale, Churchill (von links nach rechts).

V CENTENNIAL

Die Tropical Tobacco Inc. Selection lässt diese handgemachten Zigarren seit 1992 in Honduras herstellen. Auf den Markt kamen sie im November 1993 zur Erinnerung an den fünfhundertsten Jahrestag der Entdeckung Amerikas und des Tabaks durch Kolumbus. Die Spitzenzigarren mit mittlerem bis vollem Körper haben ein mexikanisches Umblatt, eine Einlagemischung aus nicaraguanischem, dominikanischem und honduranischem Tabak und ein Deckblatt aus Connecticut Shade.

Churchill, Torpedo, Cetro, Numero Dos, Robusto (von links nach rechts).

Name	Länge	Ringmaß
Presidente	20,3 cm/8 in	50
Numero Uno	19 cm/7½ in	38
Torpedo	17,8 cm/7 in	36/54
Churchill	17,8 cm/7 in	48
Cetro	15,9 cm/6¼ in	44
Numero Dos	15,2 cm/6 in	50
Corona	14 cm/5½ in	42
Robusto	12,7 cm/5 in	50

CUBA ALIADOS

Diese große Auswahl hervorragender handgemachter Zigarren mit mittlerem Körper werden von dem kubanischen Emigranten Rolando Reyes produziert. Sie haben ecuadorianische Deckblätter aus Sumatrasamen, honduranische Umblätter und eine dominikanisch-brasilianische Einlage. Die General ist mit 45,7 cm Länge und einem Ringmaß von 66 die derzeit größte Zigarre der Welt.

Name	Länge	Ringmaß
General	45,7 cm/18 in	66
Diadema	19 cm/7½ in	60
Piramide	19 cm/7½ in	60
Valentino	17,8 cm/7 in	48
Palma	17,8 cm/7 in	36
Corona de Luxe	16,5 cm/6½ in	45
Lonsdale	16,5 cm/6½ in	42
Toro	15,2 cm/6 in	54
No. 4	14 cm/5½ in	45
Rothschild	12,7 cm/5 in	51
Petit Cetro	12,7 cm/5 in	36

DON LINO

Diese sehr große Kollektion guter handgemachter Zigarren mit einem Spektrum von mild bis mittel kam 1980 auf den Markt. Die Standard-Serie hat ebenso wie die neu eingeführte Colorado-Serie ein Connecticut Shade-Deckblatt. Die Havanna-Serie reift vier Jahre lang.

Name	**Länge**	**Ringmaß**
Standard-Serie		
Supremo	21,6 cm/8½ in	52
Churchill	19 cm/7½ in	50
Torpedo	17,8 cm/7 in	48
No. 3	15,2 cm/6 in	36
Corona	14 cm/5½ in	50
No. 4	12,7 cm/5 in	42
Rothschild	11,4 cm/4½ in	50
Epicure	11,4 cm/4½ in	32
Colorado-Serie		
Presidente	19 cm/7½ in	50
Lonsdale	16,5 cm/6½ in	44
Robusto	14 cm/5½ in	50
Havana Reserve-Serie		
Churchill	19 cm/7½ in	50
Torpedo	17,8 cm/7 in	48
Tubo	16,5 cm/6½ in	44
Toro	14 cm/5½ in	46
Robusto	12,7 cm/5 in	50
Rothschild	11,4 cm/4½ in	50
Oro-Serie		
Panetela	17,8 cm/7 in	36
No. 1	16,5 cm/6½ in	44
Toro	14 cm/5½ in	46

Oro No. 1, Colorado, Havana Reserve Tubo (von links nach rechts).
Eine Kollektion der Colorado-, Havana Reserve- und Oro-Serie (links).

DON RAMOS

Diese Spitzenqualitäten sind in Großbritannien und den USA sehr beliebt. Sie sind handgemacht, mittel bis voll im Körper und bestehen vollständig aus honduranischem Tabak, der ihnen einen würzigen Geschmack verleiht.

Name	Länge	Ringmaß
Gigante	17 cm/6¾ in	47
No. 11	17 cm/6¾ in	47
No. 13	14,3 cm/5⅝ in	46
No. 14	14 cm/5½ in	42
Corona	14 cm/5½ in	42
Petit Corona	12,7 cm/5 in	42
No. 16	12,7 cm/5 in	42
No. 19	11,4 cm/4½ in	50
No. 20	11,4 cm/4½ in	42
Très Petit Corona	10,2 cm/4 in	42
No. 17	10,2 cm/4 in	42
Zedernholztuben		
Churchill	17 cm/6¾ in	47
Tube No. 1	14 cm/5½ in	42
Tube No. 2	12,7 cm/5 in	42
Tube No. 3	11,4 cm/4½ in	42
Epicure	11,4 cm/4½ in	50

No. 1 und Tube, Petit Corona (von links nach rechts).

Don Ramos ist weltweit sehr verbreitet.

DON TOMAS

Die Auswahl dieser handgemachten Zigarren mit vollem bis mittlerem Körper und Spitzenqualität gibt es in drei Serien. Die Special Edition enthält honduranischen Tabak aus dominikanischem, kubanischem und Samen aus Connecticut, die International Serie nur Kubasamen-Tabake.

Name	**Länge**	**Ringmaß**
Standard-Serie		
Gigante	21,6 cm/8½ in	52
Presidente	19 cm/7½ in	50
Panetela Larga	17,8 cm/7 in	38
Rothschild	11,4 cm/4½ in	50
Special Edition-Serie		
No. 100	19 cm/7½ in	50
No. 200	16,5 cm/6½ in	44
No. 300	12,7 cm/5 in	50
No. 400	17,8 cm/7 in	36
No. 500	14 cm/5½ in	46
International-Serie		
No. 1	16,5 cm/6½ in	44
No. 2	14 cm/5½ in	50

400, 500, 300 (von oben nach unten).

EL REY DEL MUNDO

Der »König der Welt« aus Honduras bietet eine königliche Auswahl von Spitzenqualitäten, für J.R. Tobacco handgemacht mit vollem bis mittlerem Körper. Ihr Geschmack ist stärker als bei den gleichnamigen Havannas (S. 93). Sie haben ein ecuadorianisches Deckblatt aus Sumatrasamen und bestehen ansonsten aus honduranischen Tabaken. Die leichtere Serie hat ein Connecticut Shade-Deckblatt, dominikanische Einlage und ein im Inland gewachsenes Umblatt. Die derzeitige Auswahl gibt es seit 1994. Man plant, das Angebot auf bis zu 47 Formate zu erweitern.

Name	Länge	Ringmaß
Coronation	21,6 cm/8½ in	52
Principale	20,3 cm/8 in	47
Robusto Supreme	18,4 cm/7¼ in	54
Corona Immensa	18,4 cm/7¼ in	47
Double Corona	17,8 cm/7 in	49
Flor de la Vonda	16,5 cm/6½ in	52
Choix Supreme	15,5 cm/6⅛ in	49
Robusto Larga	15,2 cm/6 in	54
Corona	14,3 cm/5⅝ in	45
Habana Club	14 cm/5½ in	42
Robusto	12,7 cm/5 in	54
Rothschild	12,7 cm/5 in	50
Lights-Serie		
Plantation	16,5 cm/6½ in	30
Elegante	14,3 cm/5⅝ in	29
Tino	14 cm/5½ in	38
Reynita	12,7 cm/5 in	38
Très Petit Corona	12 cm/4¾ in	43
Petit Lonsdale	11,7 cm/4⅝ in	43
Café au Lait	11,4 cm/4½ in	35

Café au Lait, Robusto, Reynita, Tino, Elegante (von links nach rechts).

Flor del Mundo, Corona Immensa, Choix Supreme, Del Mundo Tino, Petit Lonsdale (von links nach rechts).

EXCALIBUR

In den USA heißen diese Spitzenzigarren mit vollem bis mittlerem Körper Hoyo de Monterrey Excalibur (vgl. S. 94 und S. 204), ansonsten nur Excalibur. Manche halten sie für die besten handgemachten Zigarren, die außerhalb Kubas hergestellt werden.

Name	Länge	Ringmaß
No. I	18,4 cm/7¼ in	54
No. II	17 cm/6¾ in	47
No. III	15,5 cm/6⅛ in	48
No. IV	14,3 cm/5⅝ in	46
No. V	15,9 cm/6¼ in	45
No. VI	14 cm/5½ in	38
No. VII	12,7 cm/5 in	43

No. VII, No. VI, No. IV, No. III, No. II, No. I (von links nach rechts).

FELIPE GREGORIO

Eine kleine Auswahl von außerordentlich guter Qualität handgemachter, mild schmeckender Puro-Zigarren, in Amerika seit 1990 auf dem Markt. Der Tabak stammt zu 100 % aus Honduras.

Name	Länge	Ringmaß
Glorioso	19,7 cm/7$^3/_4$ in	50
Suntuoso	17,8 cm/7 in	48
Robusto	12,7 cm/5 in	52
Belicoso	15,2 cm/6 in	52
Sereno	14,6 cm/5$^3/_4$ in	42
Nino	10,8 cm/4$^1/_4$ in	44

Belicoso, Glorioso, Suntuoso, Sereno, Robusto, Nino (von links nach rechts).

HABANA GOLD

Die Marke besteht aus drei Serien handgemachter Spitzenzigarren von mittlerem bis mildem Geschmack. Bis auf das Deckblatt wird für alle nicaraguanischer Tabak verwandt. Die Sterling Vintage-Serie hat ecuadorianische Deckblätter, die White Label-Serie nicaraguanische, die Black Label-Serie indonesische.

Name	**Länge**	**Ringmaß**
Presidente	21,6 cm/8½ in	52
Double Corona	19 cm/7½ in	46
Churchill	17,8 cm/7 in	52
No. 2	15,5 cm/6⅛ in	52
Corona	15,2 cm/6 in	44
Robusto	12,7 cm/5 in	50
Torpedo	15,2 cm/6 in	52
Petit Corona	12,7 cm/5 in	42

Robusto, Torpedo, Churchill, Petit Corona (von links nach rechts).

Die Zigarren sind in der Kiste einzeln in Zellophan verpackt.

HOYO DE MONTERREY

Die honduranischen Monterreys gehören zu den besten Zigarren der Welt. Sie unterscheiden sich von der berühmten kubanischen Marke (vgl. S. 94) durch einen stärkeren, volleren Geschmack, besonders bei den großen Formaten. Die Auswahl ist groß und von exzellenter Qualität. Die Einlage wird aus einer Mischung honduranischer, nicaraguanischer und dominikanischer Tabake aus Kubasamen gemacht, das Umblatt stammt aus Connecticut, und das Deckblatt ist ecuadorianischer Tabak aus Sumatrasamen. Man sollte diese Kollektion auch nicht mit der Excalibur-Serie verwechseln (S. 201), die geschmacklich sehr verschieden ist.

Name	Länge	Ringmaß
Presidente	21,6 cm/8½ in	52
Sultan	18,4 cm/7¼ in	54
Cuban Largo	18,4 cm/7¼ in	47
Cetro	17,8 cm/7 in	43
Double Corona	17 cm/6¾ in	48
No. 1	16,5 cm/6½ in	43
Churchill	15,9 cm/6¼ in	45
Ambassador	16 cm/6¼ in	44
Governor	15,5 cm/6⅛ in	50
Delight	15,9 cm/6¼ in	37
Culebra	15,2 cm/6 in	35
Corona	13,6 cm/5⅜ in	46
Café Royal	13,6 cm/5⅜ in	43
Dreams	14,6 cm/5¾ in	46
Super Hoyo	14 cm/5½ in	44
No. 5	13,3 cm/5¼ in	43
Sabroso	12,7 cm/5 in	40
Rothschild	11,4 cm/4½ in	50

Governor, Ambassador. Die Governor hat einen deutlichen Kaffeegeschmack mit einem Hauch Schokolade und ist perfekt nach einer guten Mahlzeit (von links nach rechts).

J. R. ULTIMATE

J. R. Tobacco ist das größte Versandhaus für Zigarren in den USA. Die Firma wurde von Jack Rothman gegründet und wird von seinem Sohn Lew weitergeführt. Man lässt in Honduras und der Dominikanischen Republik (vgl. S. 179) Spitzenzigarren produzieren. Zwei Kollektionen werden von Hand in der Dominikanischen Republik gerollt: Special Jamaicas erhalten ein Connecticut-Deckblatt und Special Coronas ecuadorianische Deck- und Umblätter und eine Einlage aus brasilianischen, honduranischen und dominikanischen Tabaken. Die Honduras-Kollektion handgemachter Spitzenzigarren ist stark bis mittel im Geschmack, hat ein nicaraguanisches Deckblatt und ansonsten in Honduras gewachsene Tabake aus kubanischem Samen.

Name	**Länge**	**Ringmaß**
Ultimate-Serie		
Estelo	21,6 cm/$8\frac{1}{2}$ in	52
Presidente	21,6 cm/$8\frac{1}{2}$ in	52
Super Cetro	20,9 cm/$8\frac{1}{4}$ in	43
Cetro	17,8 cm/7 in	42
Slim	17,5 cm/$6\frac{7}{8}$ in	36
Palma Extra	17,5 cm/$6\frac{7}{8}$ in	38
Double Corona	17 cm/$6\frac{3}{4}$ in	48
Padron	15,2 cm/6 in	54
Corona	14,3 cm/$5\frac{5}{8}$ in	45
Small Cetro	14 cm/$5\frac{1}{2}$ in	38
Small Corona	11,7 cm/$4\frac{5}{8}$ in	43
Rothschild	11,4 cm/$4\frac{1}{2}$ in	50
No. 1	18,4 cm/$7\frac{1}{4}$ in	54
No. 5	15,5 cm/$6\frac{1}{8}$ in	44
No. 10	20,9 cm/$8\frac{1}{4}$ in	47

Palma Extra, Slim.

Cetro, No. 1, No. 10, Super Cetro, Presidente (von links nach rechts).

LEMPIRA

Der Hersteller Tropical Tobacco Inc. verwendet für die Einlage eine Mischung aus Honduras und Nicaragua. Das Umblatt wächst in der Dominikanischen Republik aus Kubasamen heran, das Deckblatt ist Connecticut Shade. Die Zigarren sind mittelstark mit einem fülligen Geschmack.

Name	Länge	Ringmaß
Presidente	19,7 cm/$7\frac{3}{4}$ in	50
Lancero	19 cm/$7\frac{1}{2}$ in	38
Churchill	17,8 cm/7 in	48
Lonsdale	16,5 cm/$6\frac{1}{2}$ in	44
Toro	15,2 cm/6 in	50
Corona	14 cm/$5\frac{1}{2}$ in	42
Robusto	12,7 cm/5 in	50

Robusto, Lonsdale, Presidente (von links nach rechts).

MAYA

Die handgemachte Zigarre mit langer Einlage wird von der Tropical Tobacco Inc. aus einer Mischung honduranischer und nicaraguanischer Tabake produziert. Das Umblatt aus Havannasamen und das Deckblatt aus Connecticut Shade runden diese milde bis mittelstarke Zigarre ab. Die Maduro-Serie hat im Unterschied dazu ein sehr schönes Maduro-Deckblatt aus Costa Rica.

Name	**Länge**	**Ringmaß**
Maya Natural-Serie		
Viajente	21,6 cm/8½ in	52
Executive	19,7 cm/7¾ in	50
Torpedo	17,8 cm/7 in	36 or 54
Elegante	17,8 cm/7 in	43
Churchill	17,5 cm/6⅞ in	49
Palma Fina	17,5 cm/6⅞ in	36
Corona	15,9 cm/6¼ in	44
Cetro	15,2 cm/6 in	43
Petit Corona	14 cm/5½ in	42
Petit	14 cm/5½ in	34
Robusto	12,7 cm/5 in	50
Maya Maduro-Serie		
Executive	19,7 cm/7¾ in	50
Churchill	17,5 cm/6⅞ in	49
Corona	15,9 cm/6¼ in	44
Matador	15,2 cm/6 in	50
Robusto	12,7 cm/5 in	50

Viajente, Robusto, Corona (von links nach rechts).

MOCHA SUPREME

Ausschließlich aus honduranischen Tabaken besteht diese Auswahl guter handgemachter Zigarren mit vollem bis mittlerem Körper.

Petite, Baron de Rothschild, Sovereign, Lord, Allegro (von links nach rechts).

Name	Länge	Ringmaß
Rembrandt	21,6 cm/8½ in	52
Patron	19 cm/7½ in	50
Lord	16,5 cm/6½ in	42
Allegro	16,5 cm/6½ in	36
Sovereign	14 cm/5½ in	42
Baron de Rothschild	11,4 cm/4½ in	52
Petite	11,4 cm/4½ in	42

PADRON

Die Marke, in den 60er Jahren in Miami, Florida gegründet, wird nur aus nicaraguanischem Tabak in Nicaragua und Honduras hergestellt. Die handgemachten Zigarren sind mittel bis mild im Geschmack.

Name	Länge	Ringmaß
Magnum	23 cm/9 in	50
Grand Reserve	20,3 cm/8 in	41
Churchill	17,5 cm/6 7/8 in	46
Panetela	17,5 cm/6 7/8 in	36
Palma	16 cm/6 5/16 in	42
Londre	14 cm/5 1/2 in	42
Delicia	12,4 cm/4 7/8 in	46
No. 2000	12,7 cm/5 in	50
No. 3000	14 cm/5 1/2 in	52
1964 Anniversary-Serie		
Diplomatico	17,8 cm/7 in	50
Monarca	16,5 cm/6 1/2 in	46
Superior	16,5 cm/6 1/2 in	42
Corona	15,2 cm/6 in	42
Exclusivo	14 cm/5 1/2 in	50

No. 2000.

PARTICULARES

Hersteller dieser kleinen Auswahl milder bis mittelstarker Zigarren ist die Tropical Tobacco Inc. Man verwendet ein Deckblatt aus Ecuador, ein honduranisches Umblatt aus kubanischem Samen und eine honduranische Einlage.

Name	Länge	Ringmaß
Viajante	21,6 cm/8½ in	52
Presidente	19,7 cm/7¾ in	50
Supremo	17,8 cm/7 in	43
Churchill	17,5 cm/6⅞ in	49
Panetela	17,5 cm/6⅞ in	35
Royal Corona	15,9 cm/6¼ in	43
Matador	15,2 cm/6 in	50
Petit	14,3 cm/5⅝ in	34
Numero Cuatro	14 cm/5½ in	42
Rothschild	12,7 cm/5 in	50

Rothschild.

Particulares-Zigarrenkisten sind aus Holz mit einem Schiebedeckel (rechts).

PETRUS

Diese Kollektion guter handgemachter, milder Zigarren kam in den 90er Jahren sehr erfolgreich auf den Markt. Das Deckblatt aus Connecticut-Samen wächst in Ecuador, ansonsten ist der Tabak honduranisch.

Name	Länge	Ringmaß
Lord Byron	20,3 cm/8 in	38
Double Corona	19,7 cm/7¾ in	50
Churchill	17,8 cm/7 in	50
No. 2	15,9 cm/6¼ in	44
Palma Fina	15,2 cm/6 in	38
Corona Sublime	14 cm/5½ in	46
Antonius	12,7 cm/5 in	52
Gregorius	12,7 cm/5 in	42
Rothschild	12 cm/4¾ in	50
Duchess	11,4 cm/4½ in	30

Corona Sublime, Churchill, Gregorius, Antonius, Rothschild (von links nach rechts).

PUNCH

Die honduranischen handgemachten Punches, nicht mit der gleichnamigen Havanna zu verwechseln (vgl. S. 103), sind außerordentlich gut gemacht und haben einen mittleren bis milden Geschmack. Die Zigarren haben eine dominikanisch-nicaraguanisch-honduranische Einlage, ein Umblatt aus Connecticut und ein ecuadorianisches Deckblatt aus Sumatrasamen. Die Grand Cru-Serie reift mindestens drei Jahre.

Rothschild.

Name	Länge	Ringmaß
Standard-Serie		
President	21,6 cm/8½ in	52
Diadema	18,4 cm/7¼ in	52
After Dinner	18,4 cm/7¼ in	45
Elegant	18,1 cm/7⅛ in	36
Casa Grande	17,8 cm/7 in	46
Largo Elegante	17,8 cm/7 in	32
Double Corona	16,8 cm/6⅝ in	48
Bristol	15,9 cm/6¼ in	50
Amatista	15,9 cm/6¼ in	44
Punch	15,5 cm/6⅛ in	43
Café Royal	14,6 cm/5¾ in	44
No. 75	14 cm/5½ in	44
Rothschild	11,4 cm/4½ in	48
Grand Cru-Serie		
Prince Consort	21,6 cm/8½ in	52
Diadema	18,4 cm/7¼ in	54
Tubed Monarca	17 cm/6¾ in	48
Seleccion de Luxe-Serie		
Château Lafite	18,4 cm/7¼ in	54
Corona	15,9 cm/6¼ in	45
Château Margaux	14,6 cm/5¾ in	46

Amatista, Café Royal, Punch, Largo Elegante, No. 75 (von links nach rechts).

Diadema, Largo Elegante, Casa Grande, After Dinner, President (von links nach rechts).

JAMAIKA

Die Insel liegt etwa 150 Kilometer südlich von Kuba und zählt zu den Großen Antillen. Sie ist unabhängig und gehört zum Commonwealth. Kolumbus betrat 1492 jamaikanischen Boden. Die Briten machten Mitte des 17. Jahrhunderts der spanischen Herrschaft ein Ende. Jamaika blieb bis zur vollen Unabhängigkeit 1962 britische Kolonie. Die Insel ist überwiegend bergig und hat ein tropisch-maritimes Klima.

Obwohl die meisten Menschen in der Landwirtschaft arbeiten, sind der Tourismus, der Rohrzucker und der Bergbau die wichtigsten Einnahmequellen. Schon in der zweiten Hälfte des vorigen Jahrhunderts entflohen viele kubanische Zigarrenmacher dem spanischen Kolonialregime nach Jamaika. Sie gründeten Fabriken in Kingston, und bis heute gibt es hier einige Marken handgemachter, milder Spitzenzigarren. Die bekanntesten sind Macanudo und Temple Hall.

Montego Bay in Jamaika. Die wenigen Zigarren des Landes werden von Aficionados hoch geschätzt.

CIFUENTES

Die verschlungenen Buchstaben »C« und »R« auf den Bauchbinden stehen für Ramon Cifuentes, der die Marke 1876 während seiner Zeit als Zigarrenmeister bei Partagas in Havanna kreierte. Sie wird jetzt von der General Cigar Company in Jamaika produziert. Man verwendet drei Sorten Piloto Cubano aus der dominikanischen Republik als Einlage, ein Jember-Umblatt und Connecticut Shade als Deckblatt, der auf firmeneigenen Plantagen wächst. Das Ergebnis ist eine Spitzenzigarre mit einem voll reifen Geschmack.

Name	Länge	Ringmaß
Churchill	18,4 cm/7¼ in	49
Fancytail	17 cm/6¾ in	42
Belicoso	15,9 cm/6¼ in	50
Toro	15,2 cm/6 in	49
Rothschild	12 cm/4¾ in	49

Churchill, Belicoso, Toro, Rothschild, Fancytail (von links nach rechts).

Die Vista zeigt Don Ramon und ist seit 1876 unverändert.

MACANUDO

Erstmals wurden diese handgemachten Spitzenzigarren, eine der beliebtesten Marken in den USA, 1868 in Jamaika hergestellt. Heute werden sie von der General Cigar Company sowohl in Jamaika als auch in der Dominikanischen Republik produziert (S. 154). Weil die Tabakmischungen gleich sind, unterscheiden sie sich nach ihrer Herkunft kaum. Mit Ausnahme der Vintage-Serie, die nur in Jamaika produziert wird (vgl. S. 156), werden Connecticut-Deckblätter, mexikanische Umblätter und eine Einlage aus jamaikanischen, mexikanischen und dominikanischen Tabaken verwandt. Nur bei Macanudo reift das Deckblatt, wie auf Kuba üblich, ein zweites Mal.

Vintage No. II.

Vintage No. III.

Name	**Länge**	**Ringmaß**
Prince of Wales	20,3 cm/8 in	52
Prince Philip	19 cm/$7^1/_2$ in	49
Portofino	17,8 cm/7 in	34
Baron de Rothschild	16,5 cm/$6^1/_2$ in	42
Duke of Windsor	15,2 cm/6 in	50
Claybourne	15,2 cm/6 in	31
Hampton Court	14,6 cm/$5^3/_4$ in	43
Crystal	14 cm/$5^1/_2$ in	50
Hyde Park	14 cm/$5^1/_2$ in	49
Duke of Devon	14 cm/$5^1/_2$ in	42
Petit Corona	12,7 cm/5 in	38
Ascot	10,6 cm/$4^3/_{16}$ in	32
Caviar	10,2 cm/4 in	36
Miniature	9,5 cm/$3^3/_4$ in	24
Vintage-Serie		
No. I	19 cm/$7^1/_2$ in	49
No. II	16,7 cm/$6^9/_{16}$ in	43
No. III	14,1 cm/$5^9/_{16}$ in	43
No. IV	11,4 cm/$4^1/_2$ in	47
No. V	14 cm/$5^1/_2$ in	49

TEMPLE HALL

1876 legten kubanische Emigranten in den Bergen von Jamaika eine Tabakplantage dieses Namens an. Die Mischung aus fruchtbarem Boden, regelmäßigem Regen und einer windgeschützten Lage brachte einen Tabak allererster Güte hervor. Die General Cigar Company nahm die Marke 1992 wieder auf. Die handgemachten Zigarren exzellenter Qualität mit mildem bis mittlerem Geschmack haben ein Connecticut Shade-Deckblatt, ein Umblatt aus dem mexikanischen San Andrés-Tal und für die Einlage dominikanische, mexikanische und jamaikanische Tabake.

Name	Länge	Ringmaß
No. 500	12,7 cm/5 in	31
No. 550	14 cm/$5\frac{1}{2}$ in	49
No. 625	15,9 cm/$6\frac{1}{4}$ in	42
No. 675	17 cm/$6\frac{3}{4}$ in	45
No. 700	17,8 cm/7 in	49
Belicoso	15,2 cm/6 in	50
No. 450 Maduro	11,4 cm/$4\frac{1}{2}$ in	49

Belicoso, 675, 500, 700 (von links nach rechts).

Die hoch geschätzte Marke aus Jamaika wurde von General Cigar kürzlich wieder herausgebracht.

MEXIKO

Die Mayas rauchten ihre Tabakrollen schon lange, bevor Kolumbus in Mittelamerika auftauchte. Der Tabakanbau ist heute einer der wichtigsten Wirtschaftszweige des Landes. Mexiko gehört zu den großen Zigarrenländern und produziert auch Premium-Qualitäten von mild bis stark. Die bekanntesten Marken sind Matacan, Santa Clara, Te-Amo und Veracruz. Matacan wird von der Consolidated Cigar Corporation im San Andrés-Tal produziert. Es sind gut gemachte Zigarren mit mittlerem bis vollem Körper. Die exzellente, eher milde Marke Santa Clara aus 100 % mexikanischem Tabak gibt es seit 1830. Consolidated Cigar ist auch der Hersteller von Te-Amo, deren große Auswahl gleichfalls im San Andrés-Tal von Hand gefertigt wird. Hier werden auch die handgemachten Spitzenqualitäten der Veracruz produziert. Die Marke wurde 1977 von Oscar Franck Terrazas gegründet und wird hauptsächlich in den USA verkauft. Die größeren Formate befinden sich in Glastuben und Einzelkisten aus Zedernholz.

Mexiko bringt eine kleine Auswahl hoch angesehener, handgerollter Zigarren hervor.

TE-AMO

Die »I love you«-Zigarren sind in den USA sehr beliebt. Sie sind handgemacht, von guter Qualität und schmecken zwischen mild und mittel. Consolidated Cigar lässt sie im San Andrés-Tal produzieren.

Name	Länge	Ringmaß
CEO	21,6 cm/8½ in	52
Gran Piramide	19,7 cm/7¾ in	54
Presidente	17,8 cm/7 in	50
Relaxation	16,8 cm/6⅝ in	44
Toro	15,2 cm/6 in	50
Satisfaction	15,2 cm/6 in	46
Meditation	15,2 cm/6 in	42
Elegante	14,6 cm/5¾ in	27
Torito	12 cm/4¾ in	50

Gran Piramide, Torito, Meditation, Satisfaction, Toro Maduro, Presidente (von links nach rechts).

VERACRUZ

Eine exzellente Qualität handgemachter Zigarren mit mildem bis mittlerem Geschmack, die in der Plantagenregion des San Andrés-Tales in der Provinz Veracruz gefertigt wird. Die Marke gibt es seit 1970, und sie ist in den USA sehr beliebt. Bei den größeren Formaten ist die Verpackung sehr aufwändig: Sie werden in Glastuben mit Schaumstoffpfropfen versiegelt, dann in Seidenpapier gewickelt und einzeln in Zedernholzkisten gelegt. Das hält die Zigarren zwar frisch, macht sie aber auch teuer.

Name	Länge	Ringmaß
Veracruz Magnum	20 cm/7⅞ in	48
Mina de Veracruz	15,9 cm/6¼ in	42
Veracruz l'Operetta	12,4 cm/4⅞ in	34
Poema de Veracruz	15,9 cm/6¼ in	42
Flor de Veracruz	11,7 cm/4⅝ in	34

Veracruz Magnum, Poema de Veracruz, Veracruz l'Operetta (von links nach rechts).

NICARAGUA

Nicaragua liegt zwischen Honduras und Costa Rica und ist die größte Republik Mittelamerikas. Die Hälfte des Landes ist bewaldet. Es herrscht ein feuchtes, tropisches Klima. Die Mehrzahl der Bevölkerung arbeitet in der Landwirtschaft, also auch auf Tabakplantagen. Nach der Entdeckung durch Kolumbus 1502 gab es spanische und britische Herrscher. Später wurde Nicaragua Teil der Zentralamerikanischen Föderation und schließlich 1838 unabhängig. Nachdem der Amerikaner William Walker sich für kurze Zeit zum Präsidenten erklärt hatte, folgte bis zum Ausbruch des Bürgerkrieges 1912 eine längere Friedensperiode. Bis 1933 war das Land von US-Truppen besetzt. Von 1936 bis in die späten 70er Jahre herrschte dann der Somoza-Clan. Danach gab es wieder Bürgerkrieg und eine Regierung durch die Sandinisten.

Tabakernte in der Piedra Azul-Staatsplantage.

Tabakpflücker warten auf ihr Geld. Nicaraguaner arbeiten meist in der Landwirtschaft.

Vor dem Bürgerkrieg galten nicaraguanische Zigarren als die zweitbesten nach den Havannas. Im Bürgerkrieg wurden die meisten Plantagen zerstört und die Tabakwirtschaft schwer in Mitleidenschaft gezogen. Seit Anfang der 90er Jahre gibt es nun Anstrengungen, die Zigarrenindustrie wieder aufzubauen. Besonders die gute Joya de Nicaragua aus landeseigenen Tabaken zeigt sich sehr verbessert. Andere handgemachte Marken sind Habanica und Padron. Nicaraguanische Zigarren haben einen vollen Körper und sind bei mildem bis mittlerem Geschmack aromatisch.

CASA DE NICARAGUA

Die handgemachten Zigarren sind aus im Lande gezogenem Kubasamen. Der Geschmack reicht von mittlerer Stärke bis zu vollem Körper. Viele werden in Zedernholzkisten angeboten.

Name	Länge	Ringmaß
Viajante	21,5 cm/$8^{3}/_{8}$ in	50
Gigante	20 cm/$7^{7}/_{8}$ in	54
Presidente	19 cm/$7^{1}/_{2}$ in	52
Churchill	17,8 cm/7 in	49
Double Corona	17,8 cm/7 in	44
Panetela Extra	17,8 cm/7 in	36
Corona	15,2 cm/6 in	43
Rothschild	12,7 cm/5 in	50

DON JUAN

Tropical Tobacco Inc. stellt diese handgemachten Zigarren mit Connecticut Shade-Deckblatt und dominikanischem Umblatt aus Kubasamen her. Es gibt acht Formate. Kenner dieser geschätzten Marke bezeichnen den Geschmack als mittel bis sehr stark.

Name	Länge	Ringmaß
Presidente	21,6 cm/$8^{1}/_{2}$ in	50
Churchill	17,8 cm/7 in	49
Palma Fina	17,5 cm/$6^{7}/_{8}$ in	36
Numero Uno	16,8 cm/$6^{5}/_{8}$ in	44
Matador	15,2 cm/6 in	50
Cetro	15,2 cm/6 in	43
Linda	14 cm/$5^{1}/_{2}$ in	38
Robusto	12,7 cm/5 in	50

Cetro.

HABANICA

Die kleine Kollektion milder bis mittelstarker, handgemachter Zigarren kam 1995 auf den Markt. Man verwendet 100 % nicaraguanischen Tabak aus dem Jalapa-Tal.

Name	Länge	Ringmaß
No. 747	17,8 cm/7 in	47
No. 638	15,2 cm/6 in	38
No. 646	15,2 cm/6 in	46
No. 546	13,3 cm/5¼ in	46
No. 550	12,7 cm/5 in	50

550, 638, 646, 747 (von links nach rechts).

JOYA DE NICARAGUA

Diese handgemachten Zigarren von exzellenter Qualität mit mittlerem Körper haben sich nach dem Bürgerkrieg ihre Marktstellung zurückerobern können. Sie bestehen aus inländischem Tabak und einem Connecticut Shade-Umblatt.

Name	Länge	Ringmaß
Viajante	21,6 cm/8½ in	52
Churchill	17,5 cm/6⅞ in	49
No. 1	16,8 cm/6⅝ in	44
No. 5	17,5 cm/6⅞ in	35
No. 10	16,5 cm/6½ in	43
Elegante	16,5 cm/6½ in	38
No. 6	15,2 cm/6 in	52
Corona	14,3 cm/5⅝ in	48
Petit	14 cm/5½ in	38
Senorita	14 cm/5½ in	34
Petit Corona	12,7 cm/5 in	42
Consul	11,4 cm/4½ in	52
No. 2	11,4 cm/4½ in	41
Piccolino	10,5 cm/4⅛ in	30
Maduro de Luxe		
Presidente	19 cm/7½ in	54
Toro	15,2 cm/6 in	50
Robusto	12 cm/4¾ in	52

Viajante, Petit (von links nach rechts).

No. 2 (unten).

PADRON

In Nicaragua und Honduras werden diese handgemachten Zigarren mit mittlerem bis mildem Geschmack von guter Qualität vollständig aus nicaraguanischem Tabak hergestellt. Die Marke wurde ursprünglich in den 60er Jahren in Miami, Florida gegründet. Die Anniversary-Serie wurde 1994 zur Feier dreier erfolgreicher Jahrzehnte aufgelegt.

Name	Länge	Ringmaß
Magnum	23 cm/9 in	50
Grand Reserve	20,3 cm/8 in	41
Executive	19 cm/$7\frac{1}{2}$ in	50
Churchill	17,5 cm/$6\frac{7}{8}$ in	46
Ambassador	17,5 cm/$6\frac{7}{8}$ in	42
Panetela	17,5 cm/$6\frac{7}{8}$ in	36
Palma	16 cm/$6\frac{5}{16}$ in	42
No. 3000	14 cm/$5\frac{1}{2}$ in	52
Londres	14 cm/$5\frac{1}{2}$ in	42
Chico	14 cm/$5\frac{1}{2}$ in	36
No. 2000	12,7 cm/5 in	50
Delicia	12,4 cm/$4\frac{7}{8}$ in	46
1964 Anniversary-Serie		
Diplomatico	17,8 cm/7 in	50
Monarca	16,5 cm/$6\frac{1}{2}$ in	46
Superior	16,5 cm/$6\frac{1}{2}$ in	42
Corona	15,2 cm/6 in	42
Exclusivo	14 cm/$5\frac{1}{2}$ in	50

Delicia, Londres, Chico, Palma, Ambassador (von links nach rechts).

PHILIPPINEN

Im 17. Jahrhundert brachte eine spanische Galleone knapp sechs Kilogramm kubanischen Tabaksamen auf die Philippinen, damals eine spanische Kolonie. Der Samen wurde an Missionare verteilt, die in der Region Rio Grande de Cagayan ideale Bedingungen für die Aussaat fanden. Das tropische Klima begünstigte die Tabakwirtschaft, und 50 Jahre später wurden dem Vizekönig von »Neu-Spanien« zwei Kisten mit handgerollten Zigarren überreicht. 1881 schlossen sich Zigarrenfirmen in Manila mit dem Namen La Flor de la Isabela (Die Blume von Isabela) zur größten Fabrik auf den Philippinen zusammen, benannt nach den Plantagen von Isabela, Cagayan. Sie stellt noch heute gute handgemachte Zigarren her.

Das tropische Klima der Philippinen ist für den Tabakanbau ideal. Marken wie Double Happiness werden von Kennern hoch geschätzt.

DOUBLE HAPPINESS

Der Produzent dieser handgemachten Zigarren trägt den schönen Namen Splendid Seed Company. Man verwendet Tabak aus dem unteren Cagayan-Tal für Einlage und Umblatt sowie ein doppelt fermentiertes, brasilianisches Sumatra-Deckblatt.

Name	**Länge**	**Ringmaß**
Ecstasy	17,8 cm/7 in	47
Nirvana	15,2 cm/6 in	52
Euphoria	16,5 cm/6½ in	50
Bliss	13 cm/5⅛ in	48
Rapture	12,7 cm/5 in	50

Rapture, Bliss, Ecstasy (von oben nach unten).

LA FLOR DE LA ISABELA

Die Firma, 1881 als größter Zigarrenproduzent in Manila aus einem Zusammenschluss hervorgegangen, produziert handgemachte Zigarren wie die Kollektion 1881 und die Tabacalera-Serie, aber auch maschinell hergestellte Zigarren.

VEREINIGTE STAATEN

Tabak wurde in Nordamerika angebaut, seit zerstreute Stämme der Mayakultur hierher gelangten. Sie brachten die Tabakpflanze mit, die bald von den eingeborenen Indianern für medizinische und auch religiöse Zwecke übernommen wurde. Die ersten europäischen Siedler kamen 1608 nach Virginia, und um 1612 gab es bereits die ersten Tabakplantagen. Bis zur ersten Lieferung kubanischer Zigarren im 18. Jahrhundert rauchte man Pfeife.

Einige der besten Deckblätter der Welt werden in den USA gezogen.

Israel Putnam kam kurz nach 1760 mit einigen Havanna-Zigarren und großen Mengen Tabaksamen aus Kuba nach Connecticut. Hier wurde schon seit dem 17. Jahrhundert Tabak angebaut, und im frühen 19. Jahrhundert waren rund um Hartford Zigarrenfabriken entstanden, die Nachkömmlinge dieser kubanischen Sorten nutzten. Zur gleichen Zeit begann in größerem Umfang der Import kubanischer Zigarren in die USA. Heute liefert der Tabak aus Connecticut die besten Deckblätter der Welt außerhalb Kubas.

Der sandige Lehmboden im Connecticut-Tal in Neuengland ist ideal für den Anbau von Tabak der Premium-Qualität. Die besten Blätter, als Connecticut Shade (Schatten) bekannt, wachsen sonnengeschützt unter riesigen Zelten. Sie werden für die allerbesten Zigarren wie die dominikanischen Davidoffs oder die jamaikanischen Macanudos verwendet. Ihre Erzeugung ist aufwändig und kann einen Dollar des Zigarrenpreises ausmachen. Die Trocknung und Reifung ist die Gleiche wie auf Kuba, nur dass hier Gasbrenner für zusätzliche Wärme eingesetzt werden.

Zu Zeiten des amerikanischen Bürgerkrieges (1861–1865) war das Rauchen von Zigarren weit verbreitet. Aufgrund von Steuerreduzierungen wurden sie anschließend in den 70er Jahren billiger, die heimische Produktion erhöhte sich. Wie in Europa war die Zigarre am Ende des 19. Jahrhunderts zum Statussymbol

In Miami, Florida, findet die Produktion von La Gloria Cubana statt, einer der bekanntesten handgemachten Zigarren in den USA.

geworden. Um der wachsenden Popularität der Zigarette etwas entgegenzusetzen, begann man dann in den 20er Jahren mit der maschinellen Produktion. Die Zahl der handgemachten Zigarren ging deutlich zurück.

Im letzten Viertel des 19. Jahrhunderts flohen viele kubanische Zigarrenmacher vor der spanischen Kolonialherrschaft nach Tampa und Key West in Florida. Heute sind die meisten Zigarren aus den USA maschinell hergestellt, wie als exzellentes Beispiel Cuesta-Rey aus Tampa. Die Marke wurde 1884 gegründet und war eine der größten in Tampa. Heute wird sie in der Dominikanischen Republik hergestellt. In diese Reihe gehören auch Arango, Directors, Garcia y Vega, Havana Blend aus 100% kubanischem Tabak und King Edward. Die bekannteste, immer noch in den USA handgemachte Marke ist die hervorragende La Gloria Cubana, die in Miami mit ecuadorianischem Deckblatt und Tabaken aus Nicaragua, Ecuador und der Dominikanischen Republik hergestellt wird.

Seit 1993 ist der Markt für Zigarren in den USA wieder rapide gewachsen, nachdem er seit 1964 beständig zurückgegangen war. Angeführt von Massenprodukten, großen und Premium-Zigarren, stiegen die Stückzahlen in den späten 90er Jahren jährlich um rund 10 %, die Umsätze um mehr als das Doppelte.

CONSOLIDATED CIGAR CORPORATION

Der führende Zigarrenkonzern der USA verkauft eine Milliarde Zigarren pro Jahr und beherrscht 25 % des Marktes. Consolidated Cigar wurde 1918 von Julius Lichtenstein gegründet, der als Präsident der American Sumatra Tobacco Company fungierte, die sechs unabhängige Zigarrenhersteller umschloss. Einer von ihnen, die G. H. Johnson Company, besaß die Marke Dutch Masters. Man machte diese Marke zum Flaggschiff der neuen Gesellschaft, die sich über die Jahre zu einer der größten in den USA entwickelt hat. 1926 kaufte Consolidated mit der G. H. P. Cigar Company eine weitere, große Firma dazu. Ihre Marke El Producto wurde von dem verstorbenen Schauspieler und Komiker George Burns unterstützt, einem der berühmtesten Raucher, den es je im Showbusiness gegeben hat. Seit 1948 leitete »Buddy« Silberman die Firma, dessen Name in der Zigarrenwelt einen legendären Ruf hat.

1968 wurde Consolidated von dem Mischkonzern Gulf & Western übernommen. Man gründete mit Pepe Garcia, einem größeren, auf Kuba enteigneten Hersteller, auf den Kanarischen Inseln Cuban Cigar Brands, stieg in das Geschäft mit handgemachten Premiumzigarren ein und kaufte die Moro Cigar Company und ihre Marke Primo del Rey.

1983 übernahmen fünf Manager Consolidated von Gulf & Western, die 16 Monate später an MacAndrews & Forbes verkauften, eine Holding, die von Revlon kontrolliert wird. 1986 kam die American Cigar Company mit ihren Marken Antonio y Cleopatra, La Corona und Roi-Tan dazu. Außerdem erwarb man die Milton Sherman Tobacco Company und den Produzenten von Pfeifentabak, Iwan Ries & Co.

Don Diego Lonsdale.

Don Diego Corona (oben rechts).

1988 übernahm wiederum das Management Consolidated und erweiterte das Spektrum um Te-Amo, Royal Jamaica und eine weitere Pfeifentabakmarke.

1993 ging die Firma an die MAFCO Holdings Inc., eine Firma, die Ronald Perelman persönlich gehört, der als Chairman von Revlon zuvor schon einmal die Kontrolle über Consolidated hatte, und 1996 schließlich an die Börse.

Heute beschäftigt Consolidated mehr als 5000 Mitarbeiter. Die Zentrale sitzt in Fort Lauderdale. Man betreibt Produktionsstätten in Honduras, Puerto Rico, Pennsylvania, Jamaika, Virginia, der Dominikanischen Republik, Mexiko, Brasilien und Holland. Der Tabak wird rund um den Globus eingekauft. Zu den bedeutendsten Marken gehören Antonio y Cleopatra, Don Diego, Dutch Masters, Dutch Treats, El Producto, Flamenco, Henry Clay, H. Upmann, La Corona, Mixture 79, Montecristo, Montecruz, Muriel, Primo del Rey, Roi-Tan, Royal Jamaica, Santa Damiana, Te-Amo und Three Star.

Antonio y Cleopatra Tubos mit Tube.

Antonio y Cleopatra Grenadier, Antonio y Cleopatra Paloma Maduro (von links nach rechts).

OLIVA TOBACCO COMPANY

Die Firma mit Hauptsitz in Tampa, Florida, liefert Tabake an viele Hersteller von Premium-Zigarren, darunter Punch, La Gloria Cubana und Arturo Fuente. Sie besitzt 340 ha Plantagen in Honduras, Ecuador, Nicaragua, der Dominikanischen Republik und in Connecticut und beschäftigt 3000 Leute. Die Familienfirma begann im 19. Jahrhundert in der Pinar del Rio-Region auf Kuba. Angel Oliva, der seine Company bis 1896 führte, emigrierte 1924 nach Florida. Hier gründete er 1934 die Oliva Tobacco Company.

In den 50er Jahren gehörte man zu den bedeutendsten Handelsfirmen für Kubatabake. Nach 1959 begann die Produktion zunächst in Honduras, später dann in weiteren Ländern Mittel- und Südamerikas.

Wegen des gegenwärtigen Zigarrenbooms und der entsprechenden Tabak-Nachfrage geht es der Firma sehr gut, und man erwägt, wieder Plantagen in Florida anzulegen, obwohl dort die Kosten deutlich höher liegen.

Punch Amatista, Punch Café Royal, Arturo Fuente Petit Corona, Arturo Fuente Chico (von links nach rechts).

TROPICAL TOBACCO INC.

Pedro Martin, der sein Leben lang von Zigarren fasziniert war, ist der Gründer dieser Firma mit Sitz in Miami, Florida. Martin ist eine Legende unter den Tabakmischern und reist beständig auf der Suche nach Verbesserung seiner Mischungen umher. Tropical hat neun Marken (V Centennial, V Centennial 500, Don Juan, Don Juan Platinum Lempira, Maya, Cacique, Kiskeya und Particulares), die hier alle unter ihren Herkunftsländern aufgeführt sind.

V Centennial Cetros, V Centennial Robusto, Kiskeya Robusto, Cacique Caribe, Cacique Inca (von links nach rechts).

ORIGINAL KEY WEST CIGAR FACTORY

1965, als es in Key West nur noch wenige Zigarrenfabriken von der Jahrhundertwende gab, gründete Eleanor Welsh hier seine eigene. Während die Letzten nach und nach aufgaben, florierte die Original Key West Cigar Factory. In den ersten 25 Jahren arbeiteten hier bloß drei Leute, der Besitzer und zwei Zigarrenroller. Bei jedem Verkauf legte Eleanor eine Preisliste und Streichhölzer bei, was die Mundpropaganda beförderte. Die Factory versendet heute ihre Zigarren und hat viele treue Kunden, die auch zu einem Besuch nach Key West kommen und den unveränderten Raum besichtigen können, wo die ersten Zigarren der Original Key West Cigar Factory verkauft wurden.

Die Firma pflegt etliche der traditionellen Fertigkeiten beim Zigarrenmachen von Hand, und Besucher können den Zigarrenrollern jederzeit bei der Arbeit zuschauen. Es gibt drei Kollektionen. Die Zigarren mit langer Einlage (long filler) werden mit honduranischem Tabak aus Kubasamen handgerollt und haben ein ecuadorianisches Deckblatt. Davon gibt es 13

Figuardo Torpedo, Jamaican Rhum, House Special (von links nach rechts).

Formate, alle sehr mild und weich. Die Premium-Aged Long Filler-Zigarren bestehen aus dem gleichen, aber durch Altern gereiften Tabak und haben ein Kamerun-Deckblatt. Sie haben einen vollen Körper und eine milde Würze. Die Blended-Zigarren werden aus einer Mischung verschiedener honduranischer Tabake aus Kubasamen handgerollt. Hierzu gehört auch die Jamaican Rhum mit einer leichten Süße und sehr aromatischem Geschmack.

Harry Truman, Cayo Hueso Panetela, El Hemingway (von links nach rechts).

Name	Länge	Ringmaß
Long filler-Zigarren		
Key West Caballero	20,3 cm/8 in	39
El Presidente	20 cm/7 7/8 in	50
Key West Diplomat	17,8 cm/7 in	48
Cayo Hueso Panetela	17,8 cm/7 in	36
Carmencita	17,8 cm/7 in	
Super Fino	17,8 cm/7 in	
Churchill	17,8 cm/7 in	50
Elegante	15,2 cm/6 in	50
Coronado	15,2 cm/6 in	48
El Hemingway	13,3 cm/5 1/4 in	46
House Special	12,7 cm/5 in	50
Cuban Split	12,7 cm/5 in	36
Small Conchita	10,2 cm/4 in	
Premium-aged long filler-Zigarren		
Harry Truman	17,8 cm/7 in	48
Conchita Panetela	17,8 cm/7 in	36
Figuardo Torpedo	15,2 cm/6 in	56
Gran Corona	15,2 cm/6 in	48
Mini-Robusto	12,7 cm/5 in	46
Blended-Zigarren		
Pirates Alley Panetela	17,8 cm/7 in	38
Key West Queen	13,3 cm/5 1/4 in	50
Jamaican Rhum	12,7 cm/5 in	44

MASCHINELLE GROSS-SERIEN

Für den Aficionado gibt es nichts mit einer handgerollten Premium-Zigarre Vergleichbares, egal aus welchem Land sie stammt. Für den Anfänger verdienen einige Großserien eine Bekanntschaft. In den USA gibt es eine lange Tradition gut gemachter Zigarren zu erschwinglichen Preisen, während in Europa der Verbrauch von maschinell hergestellten Zigarren enorm ist.

Die EU ist nicht nur ein bedeutender Konsument von Zigarren, sondern auch ein großer Produzent maschinell hergestellter. Dabei sind die Niederlande, Spanien, Deutschland, Dänemark und die Schweiz führend. 1999 wurden in der EU 6,5 Milliarden Zigarren und Zigarillos geraucht, davon 1,2 Milliarden in Deutschland, gefolgt von Großbritannien mit 950 Millionen.

Großserienzigarren lohnen eine Bekanntschaft, weil sie billig und von guter Qualität sind.

Die offizielle EU-Definition einer Zigarre

Jedes Tabakprodukt, das so, wie es ist, geraucht werden kann und

- aus einer Tabakrolle mit einem Deckblatt aus natürlichem Tabak besteht oder
- aus einer Tabakrolle aus überwiegend gebrochenen oder gedroschenen Blättern besteht, ein Umblatt aus wiederhergestelltem Tabak und ein ebensolches Deckblatt hat, die normale Färbung hat und spiralförmig gedreht ist, oder
- aus einer Tabakrolle aus überwiegend gebrochenen oder gedroschenen Blättern besteht, ein Deckblatt aus wiederhergestelltem Tabak und die normale Färbung einer Zigarre hat und ausschließlich eines abnehmbaren Filters oder Mundstückes ein Gewicht von nicht weniger als 2,3 g und einen Umfang von wenigstens einem Drittel seiner Länge und nicht weniger als 34 mm hat.

BELGIEN

TABACOFINA-VANDER ELST

Der Bauernsohn Henri Vander Elst aus Wilsele eröffnete 1874 einen Tabakladen. Mit Hilfe seiner Brüder François und Alphonse weitete er seine Aktivitäten bald auf die Produktion von Zigarren, Kau- und Schnupftabak sowie Pfeifentabak aus. Vander Elst Frères expandierte, und mit dem Erfolg wurden innerhalb und außerhalb Belgiens Fabriken gebaut. Die Turnhout Fabrik, aufgebaut 1945, ist auf Zigarren, besonders die Marke Corps Diplomatique, spezialisiert. Die Marke besteht aus zwölf Formaten und hat einen feinen, milden Geschmack. Die Einlage ist eine Mischung aus Java-, Brasilien-, Havanna- und Sumatratabak, das Deckblatt kommt aus Sumatra.

Die Marke Mercator gibt es seit 1960. Sie ist nach dem berühmten flämischen Geografen Gerhard Mercator (1512–1594) benannt. Er ist für seine Weltkarten zum Zwecke der Navigation bekannt, aber Ruhm erwarb er sich 1568 mit der Erfindung der geografischen Projektion, bei der die Meridiane parallel laufen. Die Auswahl an Mercator-Formaten ist außerordentlich groß. Es gibt sie von Mini-Zigarillos bis zu den größeren traditionellen Formaten.

Jupiter, Fiesta, Fiesta Natural, Fiesta Mild, Jupiter Mild (von links nach rechts).

DEUTSCHLAND

DANNEMANN

Dannemann ist für seine kleinen Zigarren sehr bekannt. Die Firma wurde 1873 von Geraldo Dannemann in Brasilien gegründet. Für die maschinelle Produktion in Deutschland verwendet man Tabak aus Brasilien und Sumatra. Die Firma ist jetzt im Besitz von Ritmeester Cigars aus den Niederlanden.

Name	Länge	Ringmaß
Vera Cruz Aromatico	16,7 cm/$6\frac{9}{16}$ in	32
Vera Cruz Ligero	16,7 cm/$6\frac{9}{16}$ in	32
Lights Brazil	15,4 cm/$6\frac{1}{16}$ in	30
Lights Sumatra	15,4 cm/$6\frac{1}{16}$ in	30
Lonja Brazil	13,6 cm/$5\frac{3}{8}$ in	20
Lonja Sumatra	13,6 cm/$5\frac{3}{8}$ in	20
Espada Brazil	13,2 cm/$5\frac{3}{16}$ in	44
Espada Sumatra	13,2 cm/$5\frac{3}{16}$ in	44
Imperial Brazil	10,2 cm/4 in	20
Imperial Sumatra	10,2 cm/4 in	20
Moods	7,3 cm/$2\frac{7}{8}$ in	20
Speciale Brazil	7 cm/$2\frac{3}{4}$ in	22
Speciale Sumatra	7 cm/$2\frac{3}{4}$ in	22

Lights, Imperial Brazil, Lonja und Schachtel (von links nach rechts).

NIEDERLANDE

Die Zigarre war in den Niederlanden von Anbeginn eine sehr beliebte Form des Rauchens. Wegen ihres Kolonialreiches, das vom Anfang des 17. Jahrhunderts bis 1945 währte, wurden für holländische Zigarren hauptsächlich Tabakblätter aus Java und Sumatra verwandt. Heute haben viele holländische Zigarren zu etwa 70 % indonesische Blätter, die gern mit brasilianischen und kubanischen Tabaken gemischt werden. Holland ist für seine qualitätsvollen, maschinell hergestellten Marken des »trockenen« holländischen Typs weltbekannt. Bei einigen wird homogenisierter Tabak benutzt, und viele bestehen aus den besten gereiften Tabaken aus Kolumbien, der Dominikanischen Republik, Mexiko, Java und Kamerun.

Die Vereinigung der holländischen Zigarrenhersteller besteht aus sechs bekannten Firmen. Diese sechs Firmen teilen über 90 % des

Seit dem 16. Jahrhundert ist das Rauchen von Zigarren in Holland beliebt.

holländischen Marktes und fast den gesamten Export unter sich auf. Mitglieder der Vereinigung und ihre wichtigsten Marken sind die Agio Sigarenfabrieken N.V. mit den Marken Agio, Panter, Balmoral und De Huifkar; Cadena Claassen Sigarenfabrieken B.V. mit Cadena Claassen, Carl Upmann und Acht Zaligheden; Swedish Match Cigars B.V. mit La Paz, Willem II, Karel I, Justus van Maurik und De Heeren van Ruysdael; Henri Wintermans Sigarenfabrieken B.V. mit Henri Wintermans und Café Crème; Chambord mit Ritmeester B.V., Ritmeester, Oud Kampen, Hajenius und Danneman; Schimmelpenninck Sigarenfabrieken B.V. nur mit der Marke Schimmelpenninck.

1999 wurden annähernd 2 Milliarden Zigarren, Señoritas und Zigarillos produziert, womit Holland der zweitgrößte Zigarrenproduzent der Welt ist. 1,5 Milliarden davon wurden in mehr als 100 Länder exportiert, wobei die Länder der EU 85 % des Exports aufnehmen, und zwar in der Reihenfolge Frankreich, Großbritannien, Deutschland und Belgien.

Auf der anderen Seite hat Holland 1999 über 50 Millionen Zigarren und Zigarillos importiert, darunter 21 Millionen von den Kanarischen Inseln und sieben Millionen aus der Dominikanischen Republik.

AGIO

Die Marke ist in Europa sehr populär und wird aus Kamerun-, Java- und Sumatratabaken hergestellt. Die Marke Mehari gibt es in den Sorten Mild & Light (Connecticut-Deckblatt mit einem Hauch Burley), Brasil (voller Geschmack und ein dunkles brasilianisches Deckblatt) und Cameroon (mit einem Kamerun-Deckblatt).

Name	**Länge**	**Ringmaß**
Mehari's Sumatra	10,2 cm/4 in	23
Mehari's Mild	10,2 cm/4 in	23
Senoritas Red Label	10,2 cm/4 in	21
Biddies Brasil	8,3 cm/3¼ in	20
Filter Tipped	7,6 cm/3 in	21

HENRI WINTERMANS

1966 kaufte die Scandinavian Tobacco Group of Companies (ST) aus Kopenhagen Wintermans der British-American Tobacco Company ab. Aus dieser Fusion ging der größte Zigarrenhersteller Europas mit einer Jahresproduktion von etwa einer Milliarde Stück hervor. Zugleich ist der Konzern einer der größten Zigarrenexporteure der Welt, mit Lieferungen in mehr als hundert Länder. Der international bewährte Markenname Wintermans wurde beibehalten. Wintermans Zentrale liegt in Eersel in Holland. Man beschäftigt mehr als 2000 Leute in Fabriken, Warenlagern und Tabakaufbereitungsanlagen von der Dominikanischen Republik bis nach Europa.

Die neue Kollektion, die auch kleine Zigarren, Halb-Coronas und Coronas de Luxe einschließt, stellt beste holländische Tradition des Mischens und der Herstellung dar. Die Firma produziert auch Slim (schlanke) Panetelas, Slim Señoritas, Excellentes und Slim Coronas.

Henri Wintermans ist einer der führenden Zigarrenexporteure der Welt mit bekannten und hoch geschätzten Zigarren.

Name	Länge	Ringmaß
Excellente	16 cm/6¼ in	42
Long Panetela	13 cm/5⅛ in	30
Slim Panetela	13 cm/5⅛ in	30
Corona de Luxe	11,5 cm/4½ in	42
Half Corona	9,5 cm/3¾ in	30
Scooters	9 cm/3½ in	20

Die Tabake sind zweimal gereift: die Blätter zwei Jahre und die fertigen Zigarren ein zweites Mal auf Brettern aus Zedernholz, um einen abgerundeten, vollen Geschmack zu erzielen. Die Marke zielt auf Konsumenten des mittleren bis gehobenen Bereiches im internationalen Zigarrenmarkt, die sich von den Massenprodukten entfernen, aber noch nicht regelmäßig Premium-Zigarren rauchen.

Außerdem wird die Marke Café Crème produziert, die als meistverkaufte, kleine Zigarre auf der Welt gilt. Varianten sind Café Crème Mild, Café Crème Rich Aroma, Café Crème Noir und Café Crème Filter Tip.

Corona de Luxe, Slim Panetela, Small Cigar (aus der neuen Kollektion), Half Corona (von links nach rechts).

SCHIMMELPENNINCK

1924 wurden zwei Brüder namens Van Schuppen in der kleinen Zigarrenfabrik ihres Onkels Partner. Geurts beschäftigte damals 21 Leute. Die neue Firma Geurts & Van Schuppen begann, unter der Marke Schimmelpenninck Zigarren zu verkaufen. Rutger Jan Graf Schimmelpenninck war Anfang des 19. Jahrhunderts ein bekannter niederländischer Staatsmann. Die Fabrik war eine jener kleinen Familienbetriebe dieser Zeit, die für den lokalen Bedarf handgemachte Zigarren herstellten.

1931 fingen die Brüder Van Schuppen mit der Mechanisierung der Produktion an, gaben ihren Verpackungen ein attraktiveres Aussehen und verbesserten den Vertrieb. Schnell hatten sie eine der größten Fabriken in Holland. 1963 verband sich die Firma mit Carreras und wurde 1972 von Rothmans aufgekauft. Seither ist der Export von Schimmelpenninck-Zigarren stark angestiegen. Die Marke wird in mehr als 130 Ländern der Erde verkauft.

Schimmelpenninck hat attraktive Packungen und wird weltweit verkauft.

Name	Länge	Ringmaß
Duet Brazil	14,3 cm/$5\frac{5}{8}$ in	27
Vada	9,8 cm/$3\frac{7}{8}$ in	30
Florina	9,8 cm/$3\frac{7}{8}$ in	26
Mono	8,6 cm/$3\frac{3}{8}$ in	27
Media	7,6 cm/3 in	26
Havana Mild	7,6 cm/3 in	26
Nostra	7,3 cm/$2\frac{7}{8}$ in	27

Half Corona, Havana Mild, Havana Sigue, Media, Mini Cigar, Mini Cigar Mild, Swing, Duet Panetela I, Grande (von links nach rechts).

SCHWEIZ

VILLIGER

Villiger ist eine der bekanntesten maschinell hergestellten kleinen Zigarren der Welt. Die Firma wurde 1888 von Jean Villiger gegründet und ist zu einem großen, internationalen Geschäft geworden und immer noch in Familienbesitz. Man exportiert pro Jahr über 300 Millionen Zigarren aus den Werken der Schweiz, Deutschlands und Irlands in 75 Länder. Einige Sorten sind aus homogenisiertem Tabak, und viele werden mit gereiften Importtabaken aus Kamerun, Java, Mexiko, Kolumbien und der Dominikanischen Republik produziert.

Villiger Export (rund), darunter: Villiger Export (gepresst).

Name	**Länge**
Curly	17,8 cm/7 in
Tipped Villiger-Kiel Mild	16,5 cm/6½ in
Villiger Export Kings	13 cm/5⅛ in
Tipped Bunte	11,4 cm/4½ in
Villiger Export	10,2 cm/4 in
Villiger Premium No. 4	10,2 cm/4 in
Braniff No. 1	8,9 cm/3½ in
Braniff Cortos Filter Light	7,6 cm/3 in

PUERTO RICO

Puerto Rico ist eine unabhängige Insel, östlich von Hispaniola gelegen. Kolumbus betrat sie 1493. Von 1510 bis 1898 war Puerto Rico spanische Kolonie und wurde dann nach dem spanisch-amerikanischen Krieg an die USA abgetreten. 1917 wurde es US-Territorium und 1952 ein mit den USA assoziierter freier Staat. Wegen der günstigen Steuersätze sind in den letzten Jahren viele amerikanische Firmen hierher gezogen, darunter die Consolidated Cigar Corporation, die hier einige Großserien produzieren lässt.

Dutch Masters Cameroon Elite, Dutch Masters Cadet,
El Producto Bouquet, El Producto Panetela (von links nach rechts).

VEREINIGTE STAATEN

Die Swisher International Group besteht schon seit 1861 und ist der führende Zigarrenhersteller in der Welt. Die Firma verkauft Großserien kleiner und großer sowie Premium-Zigarren. Die großen Zigarren haben natürliche Deckblätter oder solche aus homogenisiertem Tabak. Premium-Zigarren sind ein wenig teurer und verwenden nur natürlichen Tabak. Die General Cigar Company stellt sowohl Zigarren in Großserien als auch handgemachte Premium-Zigarren her. Bekannt sind die Marken Garcia Vega und White Owl.

King Edward Invincible de Luxe, King Edward Imperial (Swisher), Garcia Vega, White Owl (General Cigar) (von links nach rechts).

ZIGARRENGESCHÄFTE RUND UM DEN GLOBUS

AUSTRALIEN

Adelaide

Tunney's
38–40 Grote Street

Melbourne

Alexander's Cigar Divan
at Crown Towers
8 Whiteman Street
Southbank

Baranow's Fine Cigars
Preston Vic 3072

Benjamin's
Fine Tobacco Shop
250 Elizabeth Street

J & D of Alexander's
7A–459 Toorak Rd.
Toorak 342

Sydney

Alexander's Cigar Divan
at Pierpont's
Hotel Intercontinental
117 Macquarie Street

Sol Levy
713 George Street

BELGIEN

Brüssel

Zabia
8–10, Rue Lebeau

DEUTSCHLAND

Berlin

Davidoff im KaDeWe
Tauentzienstr. 21–24

Durek Tabak-Shop
Tempelhofer Damm 152

Für Tabakgenießer
Frankfurter Allee 46b

Kiwus
Kantstr. 56

Lorenz Tabakwaren
Fritz-Reuter-Allee 182a

Palm Tobacco
Kurfürstendamm 214
und
Hohenzollerndamm 94

Tabak & Pulver
Rheinstr. 42

Tabakwaren-Fachgeschäft
Kantstr. 75

Bremen

Niemeyer Tabak-
Collegium
Knochenhauerstr. 5

Pfeifenstudio
Roland von Bremen
Herdentorsteinweg 37

Düsseldorf

Das Düsseldorfer
Pfeifen-Center Linzbach
Graf-Adolf-Str. 78

Palm Tobacco
Königsallee 40

Tabak Benden
Schadow Arkaden
und
Kö Galerie 60

Frankfurt

Gebrüder Heinemann
Havanna Shop
Flughafen, Halle A

Tabac Fischer
Münchener Str. 22

Tabakhaus Büttner
Kornmarkt 9

Hamburg

Hatje – Zigarrenmacher
Alte Königstr. 5

Pfeifen Tesch
Colonnaden 10

Pfeifen Timm
Gerhart-Hauptmann-
Platz 45
und Jungfernstieg 26

Tabacalera Hanseatica
Große Bleichen 36

Tobacco World GmbH
Große Bleichen 1

Wolsdorff Tobacco GmbH
Spitalerstr. 16

Hannover

Koenig & Schubert
Lavesstr. 71

Köln

Tabac-Collegium
Richartzstr. 12

München
Cigarren W. Bader
Marienplatz 8

Dallmayr
Dienerstr. 14

Wilhelm & Richard Diehl
Theatinerstr. 9
und Kaufingerstr. 9

Huber
Tal 22

Max Zechbauer
Residenzstr. 10

Stuttgart
Alte Tabakstube
Schillerplatz 4

Classic-Dürninger
Karlspassage

Pfeifenarchiv Stuttgart
Calver Passage

Tabacum
Schwabstr. 120

FRANKREICH

Paris
Boutique 22
22, Avenue Victor Hugo

Dunhill
15, Rue de la Paix

La Civette
157, Rue Saint-Honoré

La Tabagie
10, Rue du Départ

Saint-Tropez
Chez Fuchs
7, Rue des Commerçants

GRIECHENLAND

Athen
Balli
1–3 Sypromiliou

GROSSBRITANNIEN

Birmingham
John Hollingsworth & Son
5 Temple Row

Cambridge
Harrison & Simmonds
17 St John Street

Edinburgh
Herbert Love
31 Queensferry Street

The Pipe Shop
92 Leith Walk

Glasgow
Robert Graham & Co
71 St Vincent Street

Tobacco House
9 St Vincent Place

London
Alfred Dunhill
30 Duke Street und
Royal Exchange

Benson & Hedges
13 Old Bond Street

Burlington Bertie
57 Houndsditch

Davidoff
35 St James's Street

Harrods Cigar Room
Knightsbridge

Havana Club
165 Sloane Street

Jayems
125 Victoria Street

J.J. Fox of St James's
19 St James's Street

Sautter of Mayfair
106 Mount Street

Selfridges Cigar
Department
400 Oxford Street

Shervingtons
337 High Holborn

The Segar & Snuff Parlour
27a The Market

Walter Thurgood
161–162 Salisbury House

Wards of Gresham Street
60 Gresham Street

Manchester
Marhaba Newsagents
39 Cross Street

HONGKONG
Davidoff
Peninsula, Hotel Lobby
Kowloon

ITALIEN

Rom
Carmignani
Via de la Colona 41–42

Fincato
Via de la Colona
Antonia 34

KANADA

Montreal

Davidoff
1452, Rue Sherbrooke W

La Case del Habon
1434, Rue Sherbrooke W

Toronto

Groucho & Company
150 Bloor St W

Havanna House
87 Avenue Road

Vancouver

Alpha Tobacco
927 Denman Street

R J Clarke Tobacconist
3 Alexander Street

Vancouver Cigar Company
1938 Broadway

NIEDERLANDE

Amsterdam

Hajenus
92–96 Rokin

SCHWEDEN

Göteborg

Brobergs
Arkaden

SCHWEIZ

Genf

Davidoff
2 Rue de Rive

Gérard Père et Fils
Hotel Noga Hilton
19 Quai de Montblanc

Grisel Cigares
2–4 Place Longemalle

Rhein
1 Rue du Mont-Blanc

Zürich

Davidoff
Poststr. 12

SPANIEN

Barcelona

Ginemo
Paseo de Gracia 101

Madrid

Gonsales de Linarès
Paseo Habana 26

Santiago
Calle Alcala 18

SÜDAFRIKA

Kapstadt

Wesley's
Golden Acre Plaza Level 7

Johannesburg

Wesley's
The Rosebank Mall 170

VEREINIGTE STAATEN

Chicago

Jack Schwartz Importers
175 W. Jackson

New York

Alfred Dunhill Ltd
420 Park Avenue

Arnold's Cigar Store
323 Madison Avenue

Barclay-Rex Inc.
70 E 42nd Street

Cigar Emporium
541 Warren Street

Davidoff of Geneva
535 Madison Avenue

De La Concha
Tobacconists
1390 Avenue of the
Americas

J.R. Tobacco
11 E 45th Street

Nat Sherman Inc.
500 Fifth Avenue

North Cigar Lounge
483 Columbus Avenue

The Big Cigar Company
193 A Grand Street

The Smoking Shop
45 Christopher Street

Washington

Georgetown Tobacco
3144 M North West

Bildnachweis

S. 1: Dave Jordan; S. 2: John Freeman; S. 3: Don Last; S. 6 u.: Jon Wyand; S. 10 u. li.: ET Archive; S. 10 re.: Chris Sharp/ South American Pictures; S. 11 Mitte li.: Visual Arts Library; S. 12 o. re.: Peter Newarkís Pictures; S. 12 u. li.: AKG; S. 13 u. li.: Topham Picture Point; S. 13 u. re.: Mary Evans Picture Library; S. 13 o. re.: John Wyand; S. 14 u. li.: Images Colour Library; S. 15 o. li.: Images Colour Library; S. 15 o. re.: John Wyand; S. 18 u. li.: Bridgeman Art Library; S. 18 o. re.: AKG; S. 18 Mitte re.: ET Archive; S. 19 o., u. li. und u. re.: Peter Newarkís Pictures; S. 20: South American Pictures; S. 21 o. re.: Mary Evans Picture Library; S. 21 o. li.: Images Colour Library; S. 21 u.: Elliot Erwitt/Magnum; S. 21 o. li.: James Nachtwey/ Magnum; S. 21 o. re.: David Alan Harvey/Magnum; S. 22/23: Images Colour Library; S. 26 o. re.: John Wyand; S. 27 u. li.: David Alan Harvey/Magnum; S. 27 o. re.: Images Colour Library; S. 28 o. li.: Mary Evans Picture Library; S. 28 u. re. und u. li.: South American Pictures; S. 29 u. li.: Susan Meiselas/ Magnum; S. 29 o. re.: Edward Parker; S. 30 u. li.: John Wyand; S. 32 o. li.: Murray Rothmans; S. 32 o. re., u. li. und S. 33 u. li.: John Wyand; S. 33 u. re., S. 34 o., Mitte und u. re.: Tania Jovanovic; S. 35 o. re und u. li.: John Wyand; S. 35 u. re.: Tania Jovanovic; S. 37: Tomas Sennet/Magnum; S. 42 u. li.: John Freeman; S. 42 u. re.: Don Last; S. 43 u. re.: John Wyand; S. 44/45: Dave Jordan; S. 46 o. Mitte und u. li.: Alfred Dunhill; S. 48, S. 49 o. und u.: Don Last; S. 52/53: Dave Jordan; S. 61 o. Mitte: Peter Newark's Historical Pictures; S. 62 o. li.: Tania Jovanovic; S. 62 Mitte: Mary Evans Picture Library; S. 64 o.: Don Last; S. 64 u. und S. 69 o.: Dave Jordan; S. 72 u. re.: Andrea Künzig/laif, Köln; S. 72 Mitte und S. 73 u. re.: Mary Evans Picture Library; S. 73 o. re.: Burt Glinn/Magnum; S. 73 Mitte li.: Kobal Collection; S. 74 Mitte re.: Mary Evans Picture Library; S. 74 o. li.: Hulton Picture Library; S. 74 o. re.: Peter Newark's Pictures; S. 75: Bridgeman Art Library; S. 78 o. und u.: Images Colour Library; S. 82 o.: Dennis Stock/Magnum; S. 82 u.: Images Colour Library; S. 83 u.: Murray Rothmans; S. 84 u. li. und u. re.: Tania Jovanovic; S. 85 o. li und u. re.: John Wyand; S. 97: Tania Jovanovic; S. 102: Visual Arts Library; S. 114 o. re.: Images Colour Library; S. 114 u. li., S. 115 u. re., S. 116 o., S. 130, S. 157 und S. 183 u.: Murray Rothmans; S. 188: Robert Francis/South American Pictures; S. 217 und S. 220: Colour Images Library; S. 223 o.: James Nachtwey/Magnum; S. 223 u.: Susan Meiselas/Magnum; S. 228 und S. 230: Colour Images Library; S. 231: Alex Webb/Magnum; S. 239: Fine Art Photographic Library. Der Verlag dankt außerdem John Hall für die Abbildung auf S. 56 u. und Amoret Tanner für das leihweise Überlassen einiger Sammlerstücke, einschließlich dem auf S. 62.

REGISTER

Kursive Ziffern verweisen auf Abbildungen.

Fox

PUNCH
GRAN FABRICA DE TABACOS
MADE IN HAVANA, CUBA

Edition Delius

COHIBA
La Habana, Cuba
Davidoff
HOYO DE MONTERREY HABANA
PUNCH HABANA
ROMEO Y JULIETA HABANA
PARTAGAS HABANA
BOLIVAR HABANA